आँसुओं की सियाही से

कविता-संग्रह

आँसुओं की सियाही से

कविता-संग्रह

बसन्त चौधरी

चयन एवं सम्पादन : दीक्षित दनकौरी

वाणी प्रकाशन

वाणी प्रकाशन
4695, 21-ए, दरियागंज, नयी दिल्ली 110 002
शाखा
अशोक राजपथ, पटना 800 004
फ़ोनः +91 11 23273167 फ़ैक्सः +91 11 23275710
www.vaniprakashan.in
vaniprakashan@gmail.com

AANSUON KI SIYAAHI SE
by Basant Chaudhary

ISBN : 978-93-5072-931-1
Collection of Poems

प्रथम संस्करण
मूल्यः ₹295

चित्रांकन : श्रीराम गोहरी
पुस्तक का आवरण, डिज़ायन एवं लेआउट : फ्लाइंग ट्रीज़ प्रा. लि.

थॉमसन प्रेस, नयी दिल्ली-110 020 में मुद्रित

वाणी प्रकाशन का लोगो मक़बूल फ़िदा हुसेन की कूची से

जब भी कभी उसे हमारी याद आयेगी
बीते दिनों की दास्ताँ दिल को तड़पायेगी
निकाल फेंकेगी पहले तो किताब से तस्वीर मेरी,
उठाकर फिर उसे चूमेगी और,
दामन भीगने तक आँसू बहायेगी
कभी रोयेगी, कभी हँसेगी,
और कभी आँसुओं की सियाही से लिखी,
मेरी ग़ज़ल गुनगुनायेगी...

मेरी ज़िन्दगी के तीन पड़ाव
मेरी पत्नी, मेरी बेटी, मेरी नातिन

मीना

मेघा

आहना

के लिए

भूमिका

"प्रेमिल स्वभाव और सौन्दर्यबोध की कविताएँ"

- डॉ. करुणाशंकर उपाध्याय
प्रोफ़ेसर एवं अध्यक्ष - हिन्दी विभाग, मुम्बई विश्वविद्यालय

कविता मानवानुभूतियों का कलात्मक शब्द रूप प्रकाशन है। वह मनुष्य की भीतरी सद्वृत्तियों और मानवीय भावनाओं को जगाकर मनुष्य-मनुष्य के बीच मधुर सम्बन्धों का सेतु बनाती है। उसकी मनुष्यता का विस्तार कर सकती है। वह अपने प्रशस्त रूप में जीवन और जगत का पुनःसृजन है। वह प्रकारान्तर से आत्मा का संवाद है। उसकी संकल्पना ही मन से मन और जीवन से जीवन को जोड़ने के लिए है।

समकालीन हिन्दी कविता वस्तु और शिल्प दोनों ही दृष्टियों से अतिशय महत्त्वपूर्ण है। उसमें पर्याप्त वैविध्य एवं परिपक्वता है। वह बहुस्तरीय और बहुआयामी है। उसमें एक साथ कई पीढ़ियाँ रचनारत हैं। फलतः गुण और परिमाण दोनों ही दृष्टियों से अतिशय समृद्ध है। आज का कवि अपने समय और सरोकारों के प्रति पूर्णतः सचेष्ट है। इसी क्रम में एक बेहद उल्लेखनीय कवि के रूप में बसन्त चौधरी का आगमन होता है। इनका प्रथम काव्य-संग्रह 'आँसुओं की सियाही से' शीर्षक से प्रकाशित हो रहा है, जिसमें कवि-मन के गहन उच्छ्वास प्रगीतात्मक

अन्दाज़ में प्रकट हुए हैं। कवि के प्रेमिल भाव इन कविताओं में नैसर्गिक बिम्बों का मनोरम रूप धारण किये हुए हैं। कवि बेहद नाज़ुक मिज़ाज और संवेदनशील है, इसका एक सुन्दर-सा चित्र कविता 'हम छा गये हैं' में देखा जा सकता है-

लरज रहे होंठों पर
अनकही बातें हैं
मौन पल भी मुखर हैं
आज कुछ सुनाते हैं।

इसी प्रकार 'प्यारा-सा मौसम', 'पीड़ा का कोरस गायन', 'केशों से बना सावन', 'तेरे प्यार में' तथा 'दिल जलता है' जैसी कविताएँ बसन्त चौधरी के विरही मन, प्रेमिल स्वभाव और सौन्दर्यबोध को दर्शाती हैं। कवि की अनेकानेक कविताएँ प्रकृति और नारी सौन्दर्य की अद्भुत झाँकी प्रस्तुत करती हैं। इस दृष्टि से 'करवटों के पल', 'बावरी मोरी बिन्दिया', 'तू परी या तू खुदा', 'एक पल ज़िन्दगी', 'चाँद तू थम ज़रा', 'पिया ऐसे न थे', 'चिड़ियों की चहक' जैसी कविताएँ इसी दृष्टिकोण की परिचायक हैं, जहाँ कवि-मन अपनी तरंग एवं उमंग से उत्प्रेरित है।

विवेच्य कवि के भावुक मन को प्रकृति की राशि-राशि दृश्यावलियाँ

मुग्ध करती हैं और वह पूरी तन्मयता से उनका चित्रण करता है। वह प्रकृति के अनन्त रमणीय वैभव पर अपनी प्रतिभा न्योछावर कर देता है।

प्रकृति और प्रेम के प्रति रोमांटिक आवेग बसन्त चौधरी की निजी विशेषता है। इस दृष्टि से 'गौरैया चहकती है' कविता की निम्नलिखित पंक्तियाँ विशेष रूप से दर्शनीय बन पड़ी हैं-

गौरैया चहकती है
टहनियों पर
उस पर भी
रंगों की बौछार है शायद,
सारी दुनिया
रंग से सराबोर है
फाग के फ़ौव्वारे मुट्ठियों से उभरते हैं
सूनी-सी ज़िन्दगी को
रंगों से भरते हैं।

इस तरह बसन्त जी प्रकृति के मानवीकरण तथा प्राकृतिक चित्रों की दृष्टि से प्रभावी कविता का सृजन करते हैं। इस संकलन की अधिकतर कविताएँ इसी बोध से अनुप्राणित हैं।

प्रस्तुत संकलन की कतिपय कविताएँ हमारे समकालीन जीवन पर हावी हो रहे बाज़ारवाद पर भी काव्यात्मक टिप्पणी करती हैं। आज जब वैश्वीकरण की आँधी चल रही है और समूचा विश्व बाज़ारवाद की चपेट में आ गया है, तब कविता ही एकमात्र हथियार है, जिसके सहारे मनुष्य अपनी अस्मिता और निजता की रक्षा कर सकता है। अन्यथा कवि का निम्न कथन वर्तमान युग का केन्द्रीय धर्म सिद्ध हो रहा है-

सभी कुछ बिक रहे हैं
यह एक बाज़ार है
फटे कपड़े-सी जिन्दगी
हर कहीं से तार-तार है।

इस प्रकार विवेच्य संकलन की कविताएँ वर्तमान उत्तर-आधुनिक दौर की वस्तुस्थिति और मानवीय नियति को तमाम जटिलताओं और विडम्बनाओं के साथ उद्‌घाटित करती हैं। वे बाज़ारवाद के ख़तरे से आगाह करती हैं।

कवि के नितान्त वैयक्तिक और आन्तरिक जीवन की उच्छ्ल भाव तरंगें यहाँ प्रकट होकर उसके बाह्य संघर्षों को प्रतिसन्तुलित करती हैं। कवि ने अपने प्रेम और सौन्दर्यबोधपरक अनुभवों को प्रवाहयी प्रांजल

भाषा में अभिव्यक्त किया है। इस संकलन की सारी कविताएँ अतिशय पठनीय और रोचक बन पड़ी हैं। मैं बसन्त चौधरी को उनके इस प्रथम काव्योपहार पर बधाई देता हूँ, उनका अभिनन्दन करता हूँ और विश्वास व्यक्त करता हूँ कि हिन्दी जगत अपनी गुण-ग्राहकता का परिचय देते हुए उनके द्वारा 'आँसुओं की सियाही से' प्रस्तुत इस काव्य-संकलन का खुले हृदय से स्वागत करेगा।

आत्म-निवेदन

प्रस्तुत है कविताओं का गुलदस्ता। इसमें कई रंग के फूल सँजोए हैं। विपुल पाठक-संसार को यह भेंट पसन्द आ जाए तो मेरा सौभाग्य होगा। मैं कुछ सालों से हिन्दी और नेपाली में कविताएँ लिख रहा हूँ। वे पत्र-पत्रिकाओं में प्रकाशित भी होती रही हैं। गीत-संगीत में रुचि के कारण नेपाली और हिन्दी में गीतों के एलबम सार्वजनिक हो चुके हैं। नेपाली कविताओं के दो संकलन इससे पूर्व प्रकाशित हो चुके हैं। लोगों ने उत्साह वर्धन भी किया है। उसी उत्साह के बल पर अब हिन्दी कविताओं का यह संग्रह प्रकाशित करने का साहस कर रहा हूँ। आशा है सुधी पाठक यहाँ भी मुझे प्रेरित करेंगे।

मैं मूलतः व्यावसायिक घराने से हूँ। गीत-संगीत और कविता में मेरी रुचि शुरू से रही है। कारोबारी व्यस्तताओं के कारण इस ओर मैं समय पर समुचित ध्यान न दे सका। लिखना बाद में शुरू किया। अपनी कविताओं पर पाठक और समालोचकों द्वारा की गयी प्रोत्साहनपूर्ण टिप्पणियों से उत्साहित हुआ। फलस्वरूप दो नेपाली कविता-संग्रहों 'मेघा' और 'मेरा कविताहरु' के बाद, हिन्दी में 'आँसुओं की सियाही से' मेरा प्रथम कविता-संग्रह है।

शीर्षक से अनुमान होता है कि ये कविताएँ दर्द की कविताएँ हैं, जो आँसुओं की सियाही से लिखी गयी हैं। मैं भी कविताओं को भावनाओं का सहज उच्छ्लन ही मानता हूँ। जीवन-जगत से साक्षात्कार करने का एक मौलिक माध्यम है कविता। प्रकृति, मानवीय भावना, प्रेम जैसे भावों का उदात्तीकरण मेरा प्रयास रहा है। इसमें कितना सफल हुआ हूँ, यह सुधी पाठकों पर छोड़ता हूँ। मेरी कविताएँ आन्तरिक स्तर पर पाठकों को थोड़ा भी कहीं पर छू लें तो मैं अपने परिश्रम को सफल मानूँगा। विनम्र आशा है, मेरी अनगिनत त्रुटियों को क्षमा कर स्नेह-स्पर्श के साथ इसे पढ़ेंगे।

इस संग्रह की लेखन-यात्रा में जितना आनन्द प्राप्त हुआ, वहीं प्रकाशन कार्य पूर्ण कर पाना लेखन यात्रा से भी कठिन प्रतीत हुआ। परन्तु प्रिय सखा बन्धु खुशदीप बंसल के उदार हृदय ने कठिनाइयाँ सरल कर दीं। उनके प्रति केवल आभार व्यक्त करना पर्याप्त नहीं है, मैं हमेशा उनका ऋणी रहूँगा। अपने ही प्रिय मित्र, कवि मधुप मोहता के स्नेहिल दिशा-निर्देशन ने इस संग्रह के प्रकाशन में उल्लेखनीय भूमिका निभाई है, मैं उनका आभार मानता हूँ।

मेरी लेखन-यात्रा में मेरे सबसे बड़े समीक्षक रहे हैं मेरी धर्मपत्नी मीना और मेरे बेटी-दामाद मेघा-पारस। इन सबका आत्मीय साथ अगर मेरे साथ नहीं होता तो शायद मेरी लेखन-यात्रा इतनी सहज और सुखदायी नहीं होती। मैं स्नेहिल आभार अपने प्रिय परिवार के प्रति अर्पण करता हूँ।

इस प्रकाशन के दौरान बार-बार मुझे अपनी पूज्य माँ की याद आयी। जीवन के झंझावातों के बीच उन्होंने हमेशा हमारी परेशानी और वेदना को खुद ओढ़कर हमें सुख दिया, खुद कुछ नहीं लिया और सर्जना के दीप को हमारे दिल में कभी बुझने नहीं दियाँ

विशेषरूप से मैं प्रख्यात शायर एवं सम्पादक कवि दीक्षित दनकौरी जी का हृदय से आभारी हूँ, जिन्होंने मेरी डायरी को खँगालकर कविताओं का चयन किया और सम्पादन कर मुझ पर उपकार किया।

प्रकाशन कार्य से जुड़े सभी कार्यों को रचना भगत पांचाल जी ने जिस बखूबी से निभाया है, उसके लिए मेरे पास धन्यवाद के शब्द नहीं हैं। केवल उनके प्रकाशन सहयोग के लिए ही नहीं अपितु उनके परामर्श एवं प्रोत्साहन के लिए भी मैं उनका आभारी हूँ।

इस संग्रह के कार्य-सम्पादन में मुझे जिन-जिन मित्रों एवं सहयोगियों की प्रत्यक्ष व अप्रत्यक्ष रूप से सहायता मिली है, मैं उनका तहे-दिल से शुक्रगुजार हूँ।

और, आभारी हूँ वाणी प्रकाशन का जिन्होंने मेरी इन रचनाओं को प्रकाशित किया और आप तक पहुँचाया।

बसन्त चौधरी

अनुक्रम

नज़्में 189

ग़ज़लें ... 219

कविताएँ

कविता

1 पीड़ा का कोरस गायन ...

ऐसा हो अहसास ज़िन्दगी
मिट जाये हर प्यास ज़िन्दगी
पीड़ा के कोरस गायन में
मिल जाये अनुप्रास ज़िन्दगी।

कुछ को आये होश ज़िन्दगी
नहीं रहे ख़ामोश ज़िन्दगी
राह रहे मज़बूत हाथ में
दिखे न कोई ह्रास ज़िन्दगी।

पूरी हो हर आस ज़िन्दगी
नहीं हो कोई दास ज़िन्दगी
मुक्त अभय घूमे हर कोई
बन जाये आकाश ज़िन्दगी।

सूने में आकार ज़िन्दगी
भरे दिलों में प्यार ज़िन्दगी
अश्रु-सिक्त आँखें पा जायें
सुख का सब संसार ज़िन्दगी।

कविता

2 प्यारा-सा मौसम ...

प्यारा-सा मौसम बिखरता है
इसमें तुम्हारा रूप यह कैसा निखरता है।

तुम जब-जब मुस्कराती हो छँटते हैं बादल
अभी दर्द से उमस रहे थे
अब कैसा हँसते हैं बादल
इधर तुम मनुहार करती हो
फूलों को भी यह अखरता है।

तुम जहाँ आँचल लहराती हो
वहाँ सरगम गूँजना कैसे चुकेगा
तुम चलोगी जहाँ हँसकर-सँवरकर
अँधेरा रुक जायेगा, आसमाँ झुकेगा।

जब तुम अपने बालों को लहराती हो
बारिश भी अक्सर रक्स करती है।

कविता

3 # केशों से बना सावन ...

तेरे केशों से बना सावन है
रुत बरसात की मनभावन है।

हवाएँ तेज़ चल रही हैं उधर
जंगलों में ख़ामोशी छायी है
पत्तियाँ पत्तियों से कहती हैं
कोई अनमोल परी आयी है।

कहीं मेघों की अफ़रा-तफ़री है
कहीं नदियों का शान्त प्लावन है।

बारिशों ने मचा दिया है शोर
तन भी भीगा है और मन भीगा
प्यार की आग और कसक ऐसी
रंगीं लमहा भी लग रहा फीका।

राह तकती-सी भीगी पलकें हैं
अजब उदास सूना आँगन है।

ऐसे में तुमको याद करने का
मैं हर इक पल प्रयास करता हूँ
तुम तो मिलती नहीं मुझे फिर भी
तुम्हारी तस्वीर पास रखता हूँ।

चेह्रा शान्त, दिलों में हलचल क्यों
लगता, मौसम से कहीं अनबन है।

कविता

4 मिलने की फुर्सत नहीं ...

हमारा जिन्हें रहता था इन्तज़ार
कभी मिलने आते थे जो बार-बार
जो आये थे जीवन में बनके बहार
उन्हें आज मिलने की फुर्सत नहीं।

मुहब्बत से दिन-रात मिलते थे हम
जुदा एक पल भी न होते थे हम
सदा जिनकी आँखों में रहते थे हम
उन्हें आज मिलने की फुर्सत नहीं।

बनाकर हमें जानो-दिल से गुलाम
जिन्होंने पिलाए थे चाहत के जाम
हमें याद करते थे जो सुब्हो-शाम
उन्हें आज मिलने की फुर्सत नहीं।

वो अनजान सपने दिखाकर हमें
मुहब्बत की राहों में लाकर हमें
बहुत खुश हुए थे जो पाकर हमें
उन्हें आज मिलने की फुर्सत नहीं।

कविता

5 आप आये तो ...

उनसे कुछ ऐसा मुझको प्यार हुआ
ज़िन्दगीभर का इन्तज़ार हुआ
उनके सारे हसीन वादों पर
मेरा झूठा-सा ऐतबार हुआ।

ख़्वाबों में भी तो तुम नहीं मिलते
कैसा सूना-सा यह संसार हुआ
तुमसे बिछड़ना मेरे लिए अब तो
सज़ा-ए-मौत का इन्तज़ार हुआ।

आपने इक हँसी बिखेरी तो
मेरा दिल एक से हज़ार हुआ
दिल में बेचैन-सा जो तूफ़ां था
आप आये तो कुछ क़रार हुआ।

तेरी मासूमियत में कुछ तो है
खुश्क माहौल आबसार हुआ
वीरानी धड़कनों का दिल मेरा
तुम्हारे आने से गुलज़ार हुआ।

कविता

6 मैंने प्यार किया है ...

अक्सर,
तुम्हारी याद में ऐसा हुआ है
मेरा दिल
धड़कना तक भूल गया है
उसी दीवानगी के लमहों में
तुम्हारी एक-एक तस्वीर को
मैंने सौ-सौ बार छुआ है।

मनाना चाहता हूँ दिल को
मगर दिल कहाँ मानता है
तुम्हें पाने के लिए
ज़िद्दी बच्चे जैसा अड़ा है
न जाने मैंने यह कैसा वादा
बिना कहे तुमसे कर लिया है।
मरने वाला कोई जैसे,
करता है ज़िन्दगी से प्यार
मैंने ऐसे ही तुमसे प्यार किया है।

कविता

7 दिल उदास है ...

आज यह दिल इतना क्यों उदास है
बादलों को नहीं आसमाँ का साथ
हाथों में नहीं कोई हाथ
हर एक सपना जैसे टूट रहा है।
हर अपना जैसे रूठ रहा है
मंज़िल को पाने की चाह में
हर रास्ता छूट रहा है।

तनहाई के साये घने हैं
अनचाहे बेबस बने हैं
दिल में क़रार नहीं
यह कैसी प्यास है
कि प्यास को ही प्यास है।

छत की मुँडेर पर,
उमस भरा बादल है
किसी की याद में तड़पता
दिल यह पागल है।
ज़िन्दगी थमी है
जाने क्या कमी है
ना मालूम यह कैसा अहसास है
आज दिल बहुत उदास है।

कविता

8 मेरा जन्म-दिन ...

जन्म-दिन है मेरा
पर उम्र मेरी घटी है
आज मुझमें
चाह ऐसी जगी है।

चाहता हूँ,
मेरा बचपन मुझ पर फिर न्योछावर हो।
अपनों के दुलार और प्यार की
फिर से बौछार हो।

याद आ रहे हैं
वो लमहे,
जब दर्द से रिश्ता नहीं था।
दिल की बाज़ी खेलते थे
जीत की तो बात छोड़ो,
हार तक अपनी ही थी।

सड़क पर लापरवाही से चलना
डर नहीं था।
छोटी-छोटी खुशियों का समन्दर
हर कहीं था।

पाबन्दी का नामो-निशान नहीं,
आज़ादी का वह मंज़र
बस वही था।

आज उसी आज़ादी का जश्न
खुलके मनाना चाहता हूँ।
उम्र से मुक्त होकर
मैं बोलना नहीं,
तुतलाना चाहता हूँ।

इस थकान को,
इस दौड़ को,
इस बेवज़ह जंजाल को,
दिल से निकालना चाहता हूँ।
व्यर्थ ही मिल रही इस सज़ा को
किसी तरह टालना चाहता हूँ
अपने अन्दर
गुदगुदाते मीठे से अहसास-भर
बचपन की पगडंडियों पर चलना चाहता हूँ।

आज जी चाहता है,
कारोबारी दुनिया
मुल्तवी करने का ऐलान कर दूँ।
बीत गये लड़कपन को वापस बुलाकर
अपने पर भी थोड़ा-सा एहसान कर लूँ।
उम्र की ढलान पर
खिलखिलाते बचपन के,
जज़्बात भर लूँ।

कविता

9 पहली मुलाक़ात ...

याद है आज भी
वो पहली मुलाक़ात
और उस मुलाक़ात की,
कभी ख़त्म न होने वाली बात।
सुहाना-सा वो अहसास,
चाहकर भी बयाँ न कर पाये,
अपने वो जज़्बात।

हर मुलाक़ात में
सोचते हैं,
आज दिल खोल के रख देंगे
पर कुछ कह नहीं पाते हैं
इसी सकुचाहट में
हर बार उन्हें
तड़पते हुए,
तड़पने के लिए
तनहा छोड़ जाते हैं।

यह सिलसिला
यूँ ही चलता है
तारीख़ें बदलती हैं

मौसम बदलते हैं
चेहरे पे झुर्रियाँ,
और गहराती हैं।
पर पहली मुलाक़ात की
बरक़रार वो खुशबू,
मेरे इर्द-गिर्द,
आज भी लहराती है।
आँखें हर बार मेरी
एक अनसुना अफ़साना,
सुनाना तो चाहती हैं
आवाज़ निकलती नहीं
और खुद में ही सिमटकर
रह जाती है।
पहली मुलाक़ात की वो बातें
वो महकी साँसें,
सारी सौग़ातें,
फिर से मुझे
यादों के सूने जंगल में
ले जाती हैं।

कविता

10 प्यार की दीवाली ...

उजाले की यह रात है
आज नया कुछ गुनगुनाओ
दीपपर्व-सी इस ज़िन्दगी को
आज और महकाओ।

कमल-दल पर
शीत का हीरा जड़ा है
पराजित हुआ तिमिर
दीपक विजेता बन खड़ा है
जगमगाती इस रात में
दिल से दिल मिलाओ।

तारों की है वाटिका
सुगन्धों की रात है
रोशन हुआ प्रेम त्योहार
आज हमारे साथ है
मन में प्रेम-विश्वास का
दीपक तुम जलाओ।

आँचलों में किरणें भरकर
सुहानी रात आयी है
रंगोली-सा जीवन झिलमिलाने
प्यार की लौ जलाई है
तुम गगन बन इन्द्रधनुषी
रंग आज बरसाओ।

कविता

11 गौरैया चहकती है ...

गौरैया चहकती है
टहनियों पर
उस पर भी
रंगों की बौछार है शायद,
सारी दुनिया
रंग से सराबोर है
फाग के फौव्वारे मुट्ठियों से उभरते हैं
सूनी-सी ज़िन्दगी को
रंगों से भरते हैं।

आओ नहा लें
थोड़ी देर हम भी
अपने को बना लें
एक रंगीन तूफ़ान,
जिसमें
एक खूबसूरत ख़्वाब,
इन्द्रधनुषी माला
हमारे गले में डालने को
आतुर खड़ा है।

आज आओ,
हँस लें अपने पर
या दुनिया पर
रोने को तो देखो यहाँ,
ज़िन्दगी का एक लम्बा रास्ता
पसरा पड़ा है।

कविता

12 मृगतृष्णा ...

ज़िन्दगी का लमहा नन्हा-सा है
कल किसने देखा है
किसने जाना है,
वो तो सिर्फ़ एक सपना है
जो जी लिए वही बस अपना है।

नफ़रत भरी इस दुनिया में
हम क्यों दौड़ रहे हैं
क्या पाने के लिए दौड़ रहे हैं
किसी को मालूम नहीं
बढ़ाते रहते हैं हर पल
रफ़्तार पर रफ़्तार
होकर मृगतृष्णा में
गिरफ़्तार,
ज़िन्दगी की रफ़्तार धीमी करो
ज़िन्दगी को जियो
मज़े लेकर जियो
मरने के इन्तज़ार में नहीं
ज़िन्दगी जीने के लिए जियो।

कविता

13 ज़िन्दगी एक लिफ़्ट ...

ज़िन्दगी
एक लिफ़्ट है
ऊपर चढ़ना
नीचे उतरना
इसकी नियति है।

लिफ़्ट में
हर तरह के चेहरे हैं।
थके-हारे
रोज़मर्रा की क़िल्लतों के मारे
बेचारे,
एक-दूसरे से अनजान
फिर भी पहचाना-सा
अनजानापन,
गले लगाता बेगानापन
एक-दूसरे से टकराते
मुस्कराते,
आफ़िस के लिए
हड़बड़ाकर,
बार-बार,

घड़ी पर नज़रें फिराते लोग
तय है,
कौन किस मंज़िल पर उतरेगा।
फिर कुछ चढ़ेंगे
कुछ लोग उतरेंगे

इसी तरह
दिन में कई बार
आदमी
लिफ़्ट चढ़ता है
उतरता है
भीड़ में पिसकर
बार-बार जीता है
बार-बार मरता है।

कविता

14 मैं रेगिस्तान ...

तुम नहीं होती हो
तो मैं रेगिस्तान हो जाता हूँ
अपने ही अन्दर दूर तक
बयाबान हो जाता हूँ।

तुम्हारा होना
मेरे लिए
फूल खिलना है
तुम्हारा होना
दिल का दिल से मिलना है।

तुम्हारा होना
मेरा अपना अपने में होना है
जीना ही जीना है
आँखों के जाम
आँखों से पीना है।

तुम नहीं तो
मेरे साथ
आसमाँ भी सो गया
ज़मीं भी चलती नहीं है
चारों ओर अन्धकार

कोई शमा जलती नहीं है।
तुम्हारे होने के
अहसास को जब छूता हूँ
तब लगता है थोड़ा-सा
जीता हूँ।

वरना मैं तो
तुम्हारे बिना
सूनेपन से बना
कोई आदमी सा
हो गया हूँ।

लगता है
तुम्हें ढूँढते-ढूँढते
खुद कहीं पर
खो गया हूँ।

कविता

15 दिल की उदासी ...

तुम हो मेरे पास
फिर भी क्यों दिल में उदासी है।
रोक लो अपनी नज़र को
यह मुझे तृप्ति नहीं देती
क्योंकि मेरी
नज़र, दिल और रूह प्यासी है।

अब तुम्हारी बेवफ़ाई
भी कुबूल है
क्योंकि मैंने देखी है
जब बावफ़ा थीं।
मुझसे पहले
इन्तहाई प्यार करती थीं।

अब ये आलम हो गया है
नसीब अपना
ज़िन्दगी में कुछ ऐसा बो गया है।
कि फ़सल उगने से पहले
सूखता है,
बिल्कुल ही अन्दर से
क्योंकि,

हमारे प्यार का
जो रास्ता था
वह,
किसी मोड़ पर खो गया है।
कोई भी अहसास
अब एक लम्बी नींद सो गया है।

प्यार का यह लमहा
अब ऐसा हो गया है
खोखला दिल दुखता है।

वफ़ा और जफ़ा में
फ़र्क़ क्या है
तुम चली थीं, मैं चला था
फिर भी हम मिल न सके
शायद,
हमारे बीच का
फ़ासला ज़्यादा बड़ा है
हमारा,
एक-दूसरे के प्यार का
अहसास सो गया है।

ऐसे में जितना चलो
जितना रुको
हम कभी
मिल नहीं सकते
प्यार के फूल
अब खिल नहीं सकते।

कविता

16 नदी जैसी ज़िन्दगी ...

आज यह मौसम जरा चंचल हुआ है
आज इसको यहीं रहने दो
नदी जैसी ज़िन्दगी अपनी
इसको जितना चाहे बहने दो।

रह-रहकर फूल यह मुस्कराता है
जैसे कोई बार-बार मेरा दिल चुराता है
कोई कानों में दबी-सी बात कहता है
तो उसको आज सारी बात कहने दो।

भीड़ में एक चेहरा खिलता है
एक कहानी यूँ ही बनती है
आज तुम सिर्फ़ तुम नहीं हो
मेरे दिल में प्यास इतनी है
दर्द उल्फ़त का अगर होता है मुझको
मरहम मत दो, आज सारे दर्द सहने दो।

यह तुम्हारा साथ अब कल का नहीं है
यह हमारी चाह एक पल की नहीं है
दिल अगर कुछ चाहता है
आज उसको बहकने दो।

कविता

17 नुक्कड़ पर एक शख़्स ...

नुक्कड़ पर एक शख़्स है
जो आदमी को आदमी
बनने से रोक रहा है।

चुपचाप अपनी राह चलो
तो भी वह बार-बार
पसीने में लथपथ लोगों को
टोक रहा है।

इस गलियारे में
कुछ लोग बसते हैं
अपने को
हमारा रहनुमा बताते हैं
और बड़े ही प्यार से,
गले लगाकर डसते हैं।

कुछ बोलो,
आवाज़ ऊँची करो तो हँसते हैं
आम लोगों पर
अपना शिकंजा कसते हैं।

जो अपने को हमारा कहता था
अचानक यह क्या हो गया
डर-डर कर जी रहा आदमी
चौंक रहा है।

खून की प्यास
पानी से मिटती नहीं
वह कहते हैं,
तुम जितना देखते हो
उतना नहीं।

इसीलिए तो
काफ़ी कुछ किये हैं
तुम्हारी परेशानी भूलने
हर शाम नया जाम पीते हैं
हमारे लिए तुम मरते हो
तुम्हारे लिए हम जीते हैं।

भूखे-प्यासे काफ़ी कष्ट था जीवन में
अब थोड़ा आराम ही तो लिया है

हमने अपनी ज़िन्दगी
तुम्हारे लिए बनाई तो
तुम कहते हो,
ग़लत काम किया है।

जहाँ तक बात है प्यास की
पानी से प्यास अब भी बुझती नहीं
आदमी को नोचना-खसोटना
और उसके लहू से प्यास बुझाना
अपना तो सदियों से
शौक़ रहा है।

तुम क्या करोगे
हम क्या करेंगे
फ़ाक़ामस्ती जियो
नल का पानी पियो
जो कभी-कभार आता है
थोड़ा भिगोकर चला जाता है।

उस बल्ब से
नज़ारा देखो
जो अँधेरा फेंकता है
कितना प्यारा देखो
देश तुम्हारा है
यह दर्द हमारा देखो।

फल की आशा छोड़कर
तुम्हें अपना कर्म करना है
इससे ज़्यादा कहना
एक संगीन जुर्म करना है।

कविता

18 | # बाहर का सूनापन ...

रोज़ उठकर
खिड़की से वो
लान पर धूप-सी पसरी हुई
वीरानियों को देखता था।

बाहर का सूनापन
अन्दर तक छा रहा था
चाँदनी का मुस्कराना भी
उसको झुलसा रहा था।

एक सुबह
उसने उसी खिड़की से
एक मासूम चिड़िया को देखा
अब रोज़ वह
उस चिड़िया को देखता है,
जिसने उसकी आँखों का
सूनापन भर दिया
दिल के एक कोने में
अपना घोंसला धर लिया।

रोज़ उदास रहता था
अब मन ही मन मुस्कराता है

उसको मुस्कराता देख
चिड़िया भी चहकती है
बाग़ भर में महकती है।

चिड़िया का चहचहाना
उसका दिल चुराता है
अब वह हर पल मुस्कराता है।
चिड़िया भी उसे देखकर
पंख फैलाती है
अपनी मासूमियत से
उसके दर्द सहलाती है
दोनों की खुशियाँ
फ़िज़ा में लहराती हैं।

चिड़िया,
दोस्त की मुस्कराहट पर
परवाज़ भरती है
उसकी एक आहट पर
अपने को कुर्बान करती है।

यह मंज़र देखकर
मेरा रोम-रोम खिलता है

दिल को एक,
अनजाना-सा सुकून मिलता है।

लगता है,
एक बड़े सूनेपन में
चिड़िया की आँखें बोलती हैं
किसी उजड़े दिल में
खुशियाँ घोलती हैं।
वे दोनों बरक़रार रहें
और,
दोनों बेक़रार हों
इसी बेक़रारी से
दोनों के दिल में क़रार हो।

कविता

19 ज़िन्दगी बड़ी अजीब है ...

यह ज़िन्दगी भी बड़ी अजीब है,
कई बार हँसाया है ज़िन्दगी ने
तो बार-बार रुलाया है ज़िन्दगी ने।

अपने भी बहुत दिये है इस ज़िन्दगी ने
और बहुतों को,
अपनों से बेगाना बनाया है ज़िन्दगी ने
मुहब्बत का ख़ूबसूरत अहसास भी कराया है,
मगर दिल में कई गहरे ज़ख़्म भी,
बनाये हैं ज़िन्दगी ने
कभी छाँव बन सहलाया है ज़िन्दगी ने
तो बार-बार,
धूप बन झुलसाया है ज़िन्दगी ने।

एक दिन सोचा,
कर ही लेते हैं हिसाब इस ज़िन्दगी से
समझ लेते हैं इसके मंसूबे,
और,
आर या पार हो ही जाते हैं इसके इरादों से।

पर अचानक,
फिर से अपना होने का
अहसास कराया है ज़िन्दगी ने
दिल में उम्मीद का एक नया
फूल खिलाया है ज़िन्दगी ने
हमें ज़िन्दगी पर और ज़िन्दगी को हम पर,
फिर से ऐतबार जगाया है ज़िन्दगी ने।

कविता

20 खोया-सा मौसम ...

वृक्ष है, छाँह नहीं,
प्यार है, लिपटने को बाँह नहीं।

मंज़िल तो दिखती है
चलने को राह नहीं
मेघों का झुरमुट है
चाँद को पनाह नहीं।

दिन है मटमैला
रात तो है, सियाह नहीं
आँखों में आँसू हैं
होंठों पे आह नहीं।

बस्ती बस सूनी है
आदमी की थाह नहीं
जलती है आग दिल में
तपिश नहीं, दाह नहीं
खोया-सा मौसम है
धूप नहीं, छाँह नहीं।

ऐसा जीना भी क्या जीना
जिसमें जीने की चाह नहीं।

कविता

21 शरद की धूप ...

गुनगुना-सा रूप
जैसे शरद की धूप
देह को
एक सुख देता है।

तुम हरी दूब-सी
चारों ओर बिछी हो
मैं तुम्हारे अहसास को
सहलाता हूँ
तुम्हें याद कर-कर के
मन को बहलाता हूँ।

सोचता हूँ,
तुम यहीं कहीं हो
केशों को लहराती
बल खाती, इठलाती
मुस्कान बिखेरती
सुगन्ध की तरह
दिलों को घायल करती
क़ातिल नज़रें उठाती
चल रही हो तुम।

तुम्हारा इंकार भी
इक़रार जैसा लगता है
तुम्हारा मुँह फेर लेना भी
मुझे तो प्यार जैसा लगता है

अगर तुम एक बार
इक़रार करके देखो
सचमुच प्यार करके देखो
तो ज़िन्दगी
बन जाये एक नयी राह
दिख जाये एक नयी मंज़िल
बस एक बार
बाँहों में भरकर
प्यार करके देखो
इक़रार करके देखो।

कविता

22 # अँधेरों का ग़म ...

उधर जगमगाती है तू चाँद बनकर
इधर मैं अँधेरों का ग़म पी रहा हूँ
वो तूने लगाये थे जो ज़ख़्म दिल पर
अभी तक उन्हीं ज़ख़्मों को सी रहा हूँ।

मेरे पास रहकर भी समझा न मुझको
तो अब दूर से क्या मेरा ग़म सुनेगी
मुहब्बत भरे दिल को अनदेखा करके
भला कैसे चाहत का रिश्ता बुनेगी।

सताना है जितना सता ले तू लेकिन
मुहब्बत को ज़ख़्मों से यूँ चूर मत कर
कि जिस दिल पे तेरी तमन्ना लिखी है
उसी दिल को इतना भी मजबूर मत कर।

तुझे बेवफ़ा इतना तो याद होगा
कभी हमसफ़र मैं भी तेरा रहा हूँ
मेरी याद फिर तुझको ले आये मुझ तक
इसी चाह में अब तलक जी रहा हूँ।

कविता

23 प्यार या जुनून ...

मेरी आँखों में
छोटा-सा एक सपना था
सपने में जो चेह्रा था
बस वही मेरा अपना था।
उसके होने से कितना सुकून था
वह प्यार था,
या जुनून था,
जो भी था,
वह जुनून राहत जैसा था।

उस चाहत में
कितना सुखद अहसास था।
अहसास बनकर
वह मेरा अपना
हर पल मेरे पास था।

उसका ख़याल आज भी
मेरा चैन है, आराम है।
आज भी पल-पल
जपती है जो धड़कन
वह नाम,
उसी अपने का नाम है।

कविता

24 # तुम्हारे आने का इन्तज़ार ...

क्यों मुझे तुमसे इतना प्यार हुआ
क्यों ये दिल मेरा बेक़रार हुआ
एक रिश्ते के टूट जाने पर
हर प्यार से इंकार हुआ।

तुम कुछ ऐसे जुदा हुए मुझसे
ख़्वाब हर एक तार-तार हुआ
इन्तज़ार अब तुम्हारे आने का
ज़िन्दगीभर का इन्तज़ार हुआ।

जो तुम्हारी नज़र से निकला था
तीर वो दिल के आर-पार हुआ
तुमने हँसकर कुछ इस तरह देखा
सर पे दीवानापन सवार हुआ।

फिर तुम्हारा ख़याल आते ही
सारा माहौल ख़ुशगवार हुआ
तुम कहीं मेरे आसपास ही हो
ये ही अहसास बार-बार हुआ।

कविता

25 आख़िरी साँस तक ...

हम दौड़ते-भागते रहते हैं
ज़िन्दगी के पीछे-पीछे
और मौत,
चलती रहती है दबे पाँव
हमारे पीछे-पीछे
आख़िरी साँस तक।

एक-एक साँस की बोली लगती है
कभी बेचते,
कभी ख़रीदते रहते हैं।
हर साया मौत को डराता है
हर सपना जीने को उकसाता है
उफ़!
ये मुँहजोर ख़्वाहिशें जीने की
उफ़!
यह मजबूरी आँसू पीने की
ख़ैर,
ज़िन्दगी के दिए जलाते जाओ
मौत से आँखमिचौली खेलते जाओ
आख़िरी साँस तक।

कविता

26 ज़िन्दगी तार-तार है ...

ज़िन्दगी अजीब है
जो अपने को नसीब है
इस तरफ़ मज़ार है
उस तरफ़ गुलज़ार है।

ज़िन्दगी में खुशियाँ हैं
तो ग़म भी, हज़ार हैं
तूफ़ान से घिरा हुआ
यह सफ़र भी बेकार है।

अगर कुछ है तो यहाँ
हम ख़बर हैं, अख़बार है
ज़िन्दगी,
अपने पर उधार है।

सभी कुछ बिक रहा है
यह एक बाज़ार है
फटे कपड़े-सी ज़िन्दगी,
हर कहीं से तार-तार है।

कविता

27 # यादों का ज़ह्र ...

जाना मैंने तुमको जब
जाना तुम्हारा तय हुआ
रेगिस्तान यह दिल हुआ
डूबी मेरी कश्ती किनारे
छूटता साहिल हुआ।

क्यों हुआ, कैसे हुआ
खुद मैं हैरान हूँ
कैसे कहूँ अलविदा
खुद से परेशान हूँ।

फिर यादें उठीं दिल में
मैं कहीं खो गया
मौत से लोरी गवाकर
खुद बेखुद हो गया
वैसे वो तूफ़ान था
नियति का उफान था
फिर भी मन का लहू
चेहरे को रंग गया
नश्तर-सी चुभती याद
फिर भी दुआ देता गया।

रस्म कहूँ या
ज़ख़्म का नाम दूँ?
ज़ख़्म था, तो चारों ओर
क़हक़हे क्यों बिखर पड़े
रस्म थी, तो दिल में
नश्तर क्यों चुभ रहे?
फिर भी,
यादों में जी रहा हूँ
वादों का ज़हर पी रहा हूँ।
मदमस्त फ़िज़ाएँ

कुछ नहीं जहाँ,
अब कुछ हो गया है,
फूलों की मदहोशियाँ पी
सारा आलम सो गया है।

लगता है कि सारा मंज़र सेज है
चाहतों से नज़र यह लबरेज़ है
फ़िज़ाएँ मदमस्त हैं, बेख़ौफ़ हैं
हर किसी को न जाने क्या हो गया है।

हम कुहासों से घिरे, बस खड़े हैं
सदा जो आयी कहीं से चल पड़े हैं
पास है मंज़िल, पहुँचते नहीं हैं
लग रहा है कि कहीं कुछ खो गया है।

रात लगती है सुहानी, तारे बातें कर रहे
झाँकता है जिस्म से सूरज, तो कोई क्या कहे
खिलखिलाता एक सुन्दर पौधा
लगता है इस दिल में कोई बो गया है।

कविता

28 अनसोया आसमान ...

एक बड़ा-सा चाँद
ऊपर को टँगा है
उसके इन्तज़ार में बैठा एक
अनसोया आसमान है।

आज के दिन
आओ हम भी प्यार की
बातें करें कुछ
अपनी क़ैद से निकल आयें
कुछ बहकने दें क़दमों को
और इठलाते चलें कुछ।

मुझे पता है
आह भी है ज़िन्दगी में
चाह भी है ज़िन्दगी में
चिलचिलाती धूप भी है
पर तुम्हारी ज़ुल्फ़ों की
छाँह भी है ज़िन्दगी में।

ज़िन्दगी झुलसाती है
तो चलो थोड़ा
प्यार का मरहम लगा लें,

चुभन देती है यह दुनिया
तो इसी को,
आओ हमदम बना लें।
आज के इस हसीन दिन को
दिल में भर लें,
और इत्मीनान से
ज़िन्दगी को प्यार कर लें।

सवालात रहने दो
कामना की घड़ी है
सवालात रहने दो
दिए की तरह दमकते हैं
तुम्हारे होंठ,
मना करते
अब तुम्हारे हाथ रहने दो।

आज एक इत्तिफ़ाक़ ने दस्तक दी
खिड़की खुली और
तुम दिख गयीं
दिल के एक सादा सफ़हे पर
तमन्ना कुछ लिख गयी।

तुम भी कुछ सकुचाई-सी
थोड़ा रुकीं,
फिर चल पड़ीं।

तुम्हारी यादों ने आतुर कर दिया।
मैं अधूरा था,
तुम्हारे दर्द ने दिल भर दिया।

बड़ी मुद्दत बाद आयी यह घड़ी
इस घड़ी को आज
चलने दो
शब्द के जंजालों को छोड़ दो
दिल में ख़यालात को
पलने दो।
मैं तुम्हें छूऊँ
तुम मुझे छुओ
सुबह को भूल जाओ
शाम को भी ढलने दो।
तुम रहो, मैं रहूँ
बस यह रात रहने दो
फिर करेंगे बात,
आज सब बात रहने दो।

कविता

29 एक बेगानी-सी याद ...

तुम थीं तो बात कुछ और थी
तुम नहीं तो बात कुछ भी नहीं

तुम थीं तो मैं अपने
मन के अँधेरों को
तुम्हारे होंठों की रोशनी से
कम कर लेता था
तुम्हारी रूह और जिस्म की गर्मियों से
अपने अधूरेपन को भर लेता था,
मैं बन जाता एक पूरा आदमी।

आदमी तो अब भी हूँ मैं
लेकिन अब पूरा कहाँ हूँ?
अब तो मेरी साँस भी
एक घड़ी की मानिंद चलती है
पहले दिल की बात कहते हुए
मैं थकता नहीं था
अब वहीं से,
तुम्हें याद कर-करके
सिर्फ़ एक आह निकलती है।

मैं भी कुछ नहीं जानता
ऐसा हुआ क्यों?
हम अजनबी थे
अजनबी ही रहते तो क्या होता?
यही कि आज जो तुम कहीं दूर,
एक बेगानी-सी याद बनकर
खो गयी हो
उसे खोने का दुख न होता।

भूल भी सकता नहीं
और याद दुखा जाती है
देता हूँ तसल्ली
खुद को लेकिन
तसल्ली ही
अब मुझे तड़पाती है।

अपने को मैं पा सकूँ
तुम्हारे बिना,
ऐसा कोई रास्ता दिखता नहीं है

क्या करूँ तुम ही बता दो,
तुम्हें बिन देखे
मैं अपनी
मुस्कराती शक्ल देखूँ,
ऐसा कोई आईना
बाज़ार में बिकता नहीं है।

कविता

30 तुम्हारे नाम ...

यह उदास शाम
लिख रहा हूँ मैं तुम्हारे नाम।

कुछ नहीं बचा है सैलाब में
तैरने की चाह भी गुम हो गयी।
कभी तुम थीं,
और तुम्हारा साथ होता था
अब तो सारी ज़िन्दगी ही
मानो थक के सो गयी।

एक ख़ाली जाम
थामता हूँ मैं तुम्हारे नाम।
रुक गयी है कायनात
कि तुम नहीं हो।
झुक गयी हैं घटाएँ
कि तुम नहीं हो।

तुम्हारा न होना,
है मेरा भी कुछ न होना।
इसलिए मैं कुछ नहीं हूँ
तुम्हारे बिना।

मेरा अपना कुछ नहीं है
तुम्हारे बिना।

अब,
न कोई वजूद का अहसास है
न बेखुदी है।
बस यहाँ एक सन्नाटा है,
मेरा अपना
मिटता हुआ एक नाम,
वही नाम, लिख रहा हूँ
मैं तुम्हारे नाम।

कविता

31 जिसके लिए वक़्त नहीं ...

जिसके लिए वक़्त नहीं
उस ज़िन्दगी पर मरते हैं
कैसे हैं ये लोग
जो खुद पर ज़ुल्म करते हैं।

पाने के लिए दौड़े थे
पर खो चुके हैं सब,
रास्ता न मंज़िल है
ग़र्क़ हो चुके हैं सब।

ताज सही, तख़्त सही
अपने लिए वक़्त नहीं
सर पे कड़ी धूप है
सामने दरख़्त नहीं।

जल रही है ज़िन्दगी
पर कोई अफ़सोस नहीं
वक़्त ज़िन्दगी से खेल रहा है
पर किसी को होश नहीं।

कविता

32 प्यार की पगडंडियाँ ...

सुना तो था
प्यार की पगडंडियाँ
होती कठिन हैं,
घिरी रहती हैं
कँटीली झाड़ियों में।

यह नहीं मैं जानता था
साथ-साथ चलते हुए
खुद तुम्हीं मेरे जिगर में
काँटों की नोंक-सी
चुभ जाओगी।

देते-देते प्यार का सुख
तुम उफनती भीड़ में
बेवफ़ा लहर की तरह
गुम हो जाओगी।

फूल-सी तुम सुर्ख़ थीं
और कोंपलों-सी नर्म थीं।
झरना बना था तुम्हारा चेहरा प्यार का,
साँसें जाड़ों की धूप-सी,
गर्म थीं।

तुम्हें छूना
और तुम्हारे साथ होना
लगता था जैसे कि किसी
बाग़ से होकर,
मैं अपनी ज़िन्दगी में गुज़र रहा हूँ।
आँखों की गहराइयों में डूबकर
तुम्हारे प्यार के सहारे खिंचते हुए
ऊपर उठ रहा हूँ।

अब न कोई फूल है
न बाग़ है
ज़िन्दगी को काटता
ख़ंजर है,
या फिर आग है।

इसलिए मैं पूछता हूँ,
कौन हो तुम?
जो मेरी इस अधूरी-सी ज़िन्दगी को
जोड़ देती हो,
या फिर,
काट देती हो।

तुम तो ऐसे खेलती हो मुझसे
कि हर बार मेरे ही द्वारा
मुझे मात देती हो।
भर गया जी अब चमन से,
फूल से,
बहार से,
वादों से
और प्यार से।

मैं नहीं जानता,
इसमें तर्क क्या है?
जी चाहता है,
एक चट्टान से दिल लगा लूँ,
उसे बाँहों में ले लूँ,
और सर टकरा के देखूँ,
तुम और उस चट्टान में,
फ़र्क़ क्या है?

कविता

33 ज़िन्दगी, मुझे देखना है ...

मुझे जीवन
हर तरह का चाहिए था,
जैसे कोई
स्वप्न
मुझको मिल रहा हो
काँटों की डाल पर भी
फूल कोई खिल रहा हो।

वह तो कुछ पाया नहीं
मैं किसी को कहीं भी भाया नहीं।
इसलिए यह हाल है,
मैं ज़िन्दगी को देखता हूँ,
मुझे जीवन देखता है
सामने मैं हूँ,
मगर,
अपना हर कोई,
मुझपे
पत्थर फेंकता है।

मैं कहीं
नाराज़ हूँ,

अपने से,
क्योंकि,
मैंने क्यों खाई क़सम
वह कभी न नाराज़ हो
मैंने क्यों सोचा,
मैं गाऊँ,
जिस्म उसका साज़ हो?

यह तो मुमकिन था नहीं
मैं जानता था,
फिर भी उसको
तहे-दिल से चाहता था।
इसलिए,
जीता रहा मैं भरम में
मैं उसे,
अपनी तरह ही मानता था।

चलो अच्छा हुआ
यह भी जो हुआ है,
और जिस दिन से हुआ है।
मैं तो अदना आदमी हूँ,
यह अगर है बेवक़ूफ़ी
तो यह,
ग़ालिब और मोमिन से भी हुई है।

कविता

34 तुम, तुम न थीं ...

हम, हम न थे
तुम, तुम न थीं,
एक हो गये थे हम
फ़ासले न थे।
मंज़िलें ही मंज़िलें थीं,
रास्ते न थे।

फूलों की क्यारियाँ,
बन गयी थीं देह,
खुशबुएँ बिखराती
चलती थीं तुम,
और मैं तुमसे
लिपटने को आतुर
दौड़ता था बाँहों को
हार बनाकर।

तुम मुझे जब देखती थीं
नज़रें चुराकर,
मुझे लगता था मैं
लुटने को हूँ बेक़रार।

तुम प्यास बन जातीं
या बनतीं तृप्ति,
मेरा मन करता
मैं दोनों को पी जाऊँ।
अपने अन्दर तुमको
भर लूँ,
या तुम्हारे दिल में
समा जाऊँ।
शायद इसी तरह
एक प्यार भरी ज़िन्दगी
मैं जी जाऊँ।

लेकिन अब,
टूट गये पंख
सारे सपनों के,
खुल गये हैं राज़ अब
ग़ैरों के, अपनों के।

मेरे ऊपर अब
मेरी ही तरह एक
सरफिरा आकाश टँगा है।

शून्य है, सपाट है
फिर, स्थितियाँ कुछ ऐसी हैं
लगता है,
तुम नहीं, कुछ नहीं
यही रिक्त आकाश ही
अब अपना सगा है।
और यही सरफिरा,
(जो मैं हूँ)
लगता है रातभर,
एक स्वप्न देख
भोर होने से पहले,
किसी गहरी नींद से
अभी जगा है।

कविता

35 मैं कौन हूँ?...

मैं कौन हूँ
यह प्रश्न
यूँ तो व्यर्थ है
फिर भी कभी-कभी
मन में उठता है,
मैं कौन हूँ?

क्या मैं वही हूँ
जो दिखता हूँ,
बही ख़ाते पर
अपनी दिनचर्या लिखता हूँ,
एक आकृति की तरह
लोग मुझे
रोज़ देखते हैं
कुछ लोग
पहचानते भी हैं।

कपड़ों में सजा हुआ
एक चलती-फिरती
परछाईं हूँ।
आया हूँ

और जाने वाला हूँ
क्या मैं यही हूँ?
या फिर
जो मैं सोचता हूँ
वह हूँ मैं?
मन के अन्दर सोचता हूँ
शरीर से हरकत करता हूँ
मेरी सोच को
कभी देख पाते हैं
लोग-बाग
कभी अनदेखा
कर जाते हैं।

या फिर
जो मैं सोचता हूँ
वह नहीं सोचते,
इसलिए यह सोच नहीं पाते,
मैं सोच भी लेता हूँ।

या फिर
मैं वह हूँ,

जो आदमी के
जंगलों में
खो जाता है
भटक जाता है
इस तरह कि
अपने तक लौटना भी
मुमकिन नहीं पाता।

अब शायद मुक्ति नहीं
और कोई युक्ति नहीं,
अपने पास लौट सकें,
यही एक आकांक्षा है
क्या यही आकांक्षा हूँ मैं?

मैं भी नहीं जानता मैं कहाँ हूँ?
क्योंकि,
अब अपने पास
लौटने की प्रतीक्षा में
खुद की राह मैं
देख रहा हूँ।

कविता

36 # गीत तेरे नाम ...

रूपसी!
तेरी यह मुस्कान है
अधखिली
एक धूप-सी।

मैं उसे सँवारता हूँ,
क्योंकि मैंने
दिल में तुझको
करीने से सजाया है,
तेरी साँसों की महक से
अपने भीतर
एक गुलिस्ताँ बनाया है।

ज़िन्दगी के सफ़हे पर
तुझे,
एक ग़ज़ल की तरह
उतारता हूँ।
तू नहीं तो कुछ नहीं
यह मानता हूँ।
मैं यहाँ
अपना अकेलापन
किसी से बाँटता नहीं,

पर, यह जानता हूँ,
ज़िन्दगी तेरे सहारे
चल रही है,
एक बुझी-सी शाम
अब करवट बदल रही है
इसलिए, मैं सिर्फ़ तुझ पर
अपना जीवन वारता हूँ।

यह कोई उत्तेजना
क़तई नहीं है,
यह कोई
ऐसी सुहानी रात नहीं है,
फिर भी तेरे लिए
मैं यह मानता हूँ,
तू महक है ज़िन्दगी में।

जानता हूँ,
मैं तेरे लिए
शायद कुछ नहीं हूँ,
लेकिन मेरे लिए
तू एक ज़िन्दगी है

इसलिए, मैं अपना जीवन
तेरी ख़ातिर
हारता हूँ।

तू एक अधखिली कली है
सपनों-सी बस गयी है
मेरी ज़िन्दगी में।
तू मेरे सपनों में ऐसे आ रही है
जैसे कोई चाँद
पहलू में गिरा हो।
जैसे,
कुछ-कुछ पास आकर
बज रहा घुँघरू हो
या फिर मंजीरा हो।
मैं तुझे
अपना समझकर
याद करता हूँ,
सोचता हूँ,
तेरे दिल के कोने-कोने में
कोई जगह होगी,
जहाँ मैं

कुछ ही सही,
फिर भी तेरा हूँ।
लेकिन ऐसा लग रहा है
तू कहीं उलझी हुई है,
मैं जो हूँ,
वह कुछ नहीं,
बस सरफिरा हूँ।

कविता

37 तो क्या हो? ...

सुरमई रंग की तरह
तुम्हारी आँखों में समा जाऊँ तो क्या हो?
इस भरी दुनिया में कोई अपना है नहीं,
ऐसे में मैं तुमको पा जाऊँ तो क्या हो

काँटे सभी हैं
फूल तुम हो,
हर तरह मक़बूल तुम हो
तुम मजबूर हो और तनहा भी
काटे न कटे तुम्हारा लमहा भी
ऐसे में,
एक बार तुम्हारे पास आ जाऊँ तो क्या हो?

मस्ती में डूबी शमा
ख़्वाब की है मुंतज़िर
प्यार बन गया है
सितारों भरा आसमां।

मदहोशी के आलम में,
पाँव थोड़ा थिरकते हैं
थोड़ा डगमगाते हैं,

कोई यह न कह दे, डर है,
ये सिर्फ़ मेरे जज़्बात हैं

होंठों के जाम हैं
दिल तेरे नाम है
बेखुदी में लरज़ती यह शाम है
ऐसे में मैं तुमको
मुहब्बत का,
एक जाम पिला जाऊँ तो क्या हो?

कविता

38 # उम्र के दोराहे पर ...

आज,
इस दीवार पर
फिर एक रंग चढ़ गया है
अपनी उम्र का सफ़र
और थोड़ा बढ़ गया है।

इस जगह
ज़िन्दगी के सपने भी बुनना है
मौत की आहट भी सुनना है
खिली हुई धूप में
नहाने को उतरना है
और किसी बेवफ़ा की यादों के
साये से भी गुज़रना है।

वह नहीं है यहाँ
सिर्फ़ उसकी याद है।
मैं कहीं
अन्दर से,
और बाहर से,
बरबाद हूँ,
वह जहाँ है,
अपनी मुस्कराहट की तरह आबाद है।

आमने-सामने बैठकर
आँखों में आँखें डालकर
पलकें झपकाना भूलकर
खोए रहते थे कभी हम
इस तरह,
जैसे सारा शहर
हमको ढूँढकर
थक-सो गया हो,
और हमें लगता था कि
हम खोते चले जाएँ,
और अपनी ज़िन्दगी के सारे ग़म
प्यार की बरसात से
धोते चले जायें।

आज मैं पहुँचा हूँ
ख़ाली होकर यहाँ तक
सोचकर यह,
वह नहीं तो कुछ नहीं,
जबकि हक़ीक़त ये है कि
अब वही मेरी कुछ नहीं।

शायद इसी अहसास से
ये ज़िन्दगी की शाम ढल जायेगी
और इन्हीं यादों को लेकर
मेरी कोई तमन्ना
दूर कहीं अँधेरे की ओर
निकल जायेगी।

कविता

39 क्या हो तुम? ...

आज का यह हसीन दिन,
हुस्न से रंगीन दिन
मैं अपने आप से प्रश्न करता हूँ,
क्या हो तुम?

मेरे गुनगुनाते गीत का
पहला अंतरा हो?
या मेरे हर सपने की
साकार प्रेरणा हो तुम?
या फिर मेरी कविता के पन्नों में
बिखरी हुई, सँवरी हुई पंक्तियाँ हो तुम?
क्या हो तुम?

तूफ़ान हो,
या मेरा सहारा हो तुम?
दिल का टूटना हो
या दिल का धड़कना हो तुम?

साहिल हो
या हर तरफ़ भटकना हो तुम?

आँखों की मदहोशी हो
या फिर मेरा बहकना हो तुम?
दहकती आग का जलना हो
या गुलिस्ताँ का महकना हो तुम?
क्या हो तुम?

नीम बेहोशी में दिखती हूर हो?
या बेहोशी में मेरा लड़खड़ाना हो तुम?
मेरा दिल हो?
जिगर हो? ऐतबार हो?
या चाहत और नग़्मों से
लबरेज़ पैमाना हो तुम?
या फिर जिसे मैं,
आज तक समझ न पाया
वह संजीदा अफ़साना हो तुम?
क्या हो तुम?

दर्द का मर्सिया हो?
या लफ़्ज़ों में जो कहते हैं लोग
वह फ़िज़ा हो तुम?
क्या हो तुम?

जो भी हो आज
मुझसे जुदा हो तुम
फिर भी मैं कुबूल करता हूँ
मुहब्बत के खुदा हो तुम।

कविता

40 मेरी परछाईं ...

अकेला हूँ
मेरे मन में
रात का
एक सुरमई
परदा पड़ा है
उस अँधेरे में
वहाँ कोई खड़ा है।

बुत है कोई,
या मेरी परछाईं है वह?
ज़िन्दगी का जश्न है
क्यों उदासी में घिरा है?

मेरी तरह
एक छोर कोई
ढूँढता है
शायद उन रूपों को,
आत्मीयता की धूपों को
जो अब मुझसे दूर हैं,
मिलते नहीं हैं।

अब कहीं भी,
दोस्ती के वो फूल
खिलते नहीं हैं।

कहाँ हैं वो हाथ
जो मेरी
लम्बी उम्र की कामनाओं के
गुलदस्तों से
मुझे भर देते थे
अब वो शायद
कट गये हैं
या किसी और को
दुआ देने के लिए
अब उठ गये हैं।

वो होंठ भी नहीं हैं,
जो मेरे लिए
अपनी ज़िन्दगी
कुर्बान करने को भी आतुर थे
वो भी शायद सिल गये हैं,
या अँधेरों के साथ
वो भी मिल गये हैं।

मैं अकेला हो गया हूँ
जागकर भी सो गया हूँ
खिलखिलाती हँसी-सी इस रात पर
अपनी ही उम्र की राख पर
मैं खो गया हूँ।

इतने में
दरवाज़े पर
एक दस्तक सुनकर
मैंने आँखें खोल दीं।
मैंने देखा,
बहुत-सी अपनी स्मृतियाँ
मेरे आगे खड़ी थीं
मेरा कुछ पाना भी देखा
ख़ाली हाथ जाना भी देखा
चाह की
और आह की
धुँधली-सी रेखा
कोई कुछ नज़दीक थी
तो कोई दूर थी
कोई मुस्कानें छिड़कती
और कोई मग़रूर थी।

मैंने देखा,
उन सभी के
हाथों में एक हार था,
मेरे लिए।
उन सभी की
आँखों में तनिक-सा प्यार था
मेरे लिए।

ऐसा मंज़र था कि जैसे
मुझे तसल्ली देने को
मेरी स्मृतियाँ
मुझको ही घेरे खड़ी थीं।
मैं लघु था
वह तो मेरे सामने
काफ़ी बड़ी थीं।

कामना,
शुभकामनाओं की घड़ी थी
मैंने अपने हाथों से
छूना भी चाहा
मैंने अन्तर्तम में

उनको रखना चाहा
उनकी माँगों से
अपने को सजाना चाहा
किन्तु वे तो स्मृतियाँ थीं
वे मेरा अतीत थीं
छू नहीं सकता था मैं
और फिर पा भी नहीं
सकता था मैं।
क्योंकि
अपनी थीं फिर भी
वे इन्द्रियातीत थीं।

रातभर,
हम पा सकें,
एक-दूसरे को छू सकें,
इस आस में बैठे रहे,
बहुत मजबूर थे,
क्योंकि
थे तो हम एक-दूसरे के
मगर एक फ़ासले से दूर थे।

अन्ततः
हम रात भर
स्मृतियों की बात पर
अकेला होने के
उस एकान्त को चखते रहे,
अपनी-अपनी विवशता रखते रहे।
वह मुझे तकती रहीं
और मैं उन्हें तकता रहा।

कविता

41 # ऐसे में ...

फूल है
तलवार है
एक मेमना तैयार है
करना सिर्फ़ एक वार है
ऐसे में,
कोई कविता बन सके तो बना लो।

चिलचिलाती धूप है
हर ओर नज़ारा कुरूप है
आदमी, आदमी में नज़र आता नहीं
आवाज़ों की भीड़ बिल्कुल चुप है
ऐसे में,
कोई लैंडस्केप बन सके तो बना लो।

ज़िन्दगी में क्या तर्क है
बस खाइयों के बीच का फ़र्क़ है
रोना हँसना अदा के सिवा कुछ नहीं
सारा शहर तीखा अँधेरा या तल्ख़ है
ऐसे में,
कोई अलाव जल सके तो जला लो।

कविता

42 # बेपरवाह आग ...

मैं जलकर भी उन पर
रोशनी लुटाता रहा
वे मेरे दिल की आग में बेपरवाह
अपने घर में दीये जलाते रहे
मेरे ज़ख़्मों को हरा करके
बेलाग मुस्कराते रहे।

मैंने कब कहा है
कि मुझको मुहब्बत नहीं मिली
पर जिसकी आरज़ू थी
वह क़िस्मत नहीं मिली
कई हमसफ़र मिले
पर तबीयत नहीं मिली
हज़ारों लाखों चेह्रों में
उनकी जैसी
सूरत नहीं मिली।

नज़र आती है ज़िन्दगी अब तो
एक भीगे हुए काग़ज़ की तरह
जिस पर,
न लिख पाता है कोई
न कोई समेट पाता है

यह दिल जब-जब
किसी की याद के मोती पिरोता है
भरी महफ़िल भी,
तनहाई का माहौल होता है।

कविता

43 # नये साल का सूरज ...

किरणों के होंठों से
धरती को चूम रहा है,
नये साल का नया सूरज
मस्ती में झूम रहा है।

क्षितिज अपना
आँचल लहराता है।
साल भर खोया हुआ कुछ
आज कोई पाता है।

मौसम में हरियाली छा जाये
धरती यह खुशहाली पा जाये
नया साल
खड़ा दस्तक दे रहा है
दरवाज़े पर
आओ, आज सब कुछ भूल जायें
न गिनें कितना सहा है।

छँटकर उच्छ्वास घने
पाने की प्यास बने
आदमी उल्लास बने
जीवन अहसास बने।

कविता

44 जिस्म मैं, जान हैं आप ...

प्यार का अहसास बनकर जो आप आये
जिस अदा से आप मुस्कराये
दिल में जीने की तमन्ना
फिर जाग उठी
आपने प्यार से बोझिल पलकें
उठा के कुछ ऐसे झुकाईं
सीने में यह कैसी आग उठी
ऐसा लगा
ज़िन्दगी को ज़िन्दगी मिल गई।

आपको नज़दीक पाकर
अपनी बाँहों में छुपाकर
यूँ लगा हमको
जैसे हमारी बाँहों में
सिमट आया हो बहारों भरा चमन
आपके होंठों से
प्यार का अमृत जो पिया तो
रूह की गहराइयों में
चाँदनी-सी खिल गयी।

अब तो ऐसा लगता है
जिस्म हूँ मैं, जान हैं आप

मेरी ज़िन्दा आशिक़ी की
शान हैं आप
मैंने आपको पा लिया
आपने मुझको पा लिया
किसलिए फिर
अब ज़माने से डरें?
क्यों गिले-शिकवे करें?
इस सुहानी रात में
हम क्यों संगदिल दुनिया की बात करें?
आइए एक-दूजे में समा जायें
और बस प्यार की बात करें।

कविता

45 दिल बेचारा क्या करे ...

बड़ा दुखदाई होता है
बिछड़ना उसका
दिल पे नाम लिखा हो जिसका।
जाने से उसके धुआँ उठता है दिल से
जिसे आँखों में बसाया हो
तन-मन से अपनाया हो
वही दिल से जाने की बात करे
तो दिल बेचारा क्या करे।

उसके जाते हुए पैरों की धूल से
सब कुछ धुँधला जाता है
जाती हुई आहटों के सिवा
कुछ सुनाई नहीं देता,
उड़ती हुई धूल के सिवा
कुछ दिखाई नहीं देता।
कँपकँपाते शब्द,
होंठों पर ठहर जाते हैं
चाहतें निःशब्द हो जाती हैं
पुकारने की कोशिशें,
उभरती-डूबती साँसों में खो जाती हैं
आँखें सूख जाती हैं
धड़कनें आँसू बहाती हैं।

कविता

46 # प्यार का पैग़ाम ...

लिखते हैं आपके नाम,
हम एक पैग़ाम
बार-बार फाड़ डालते हैं
क्या लिखें कैसे लिखें?
सोचकर हम घबराते हैं।
न लिखें तो कैसे करें?
अपनी चाह का इज़हार
यही सोच हम मचल जाते हैं।

बार-बार हथेलियों पर,
लिखते हैं आपका नाम और,
दुनिया की नज़रों से बचाकर
अपने ही हाथों को चूम डालते हैं
पास होते तो आप
न जाने हम क्या कुछ कर डालते?
सोचकर खुद ही हम,
शर्म से पानी हो जाते हैं।

लिखते हैं कविता,
तो कवि नहीं,
दीवाने ज़रूर कहलाते हैं

आपकी तारीफ़ों के पुल बाँधते
हम थके नहीं रह जाते हैं
देखकर यह, लोग हँसी उड़ाते हैं,
सोचकर हम भी, अट्टहास भर जाते हैं।
ऐसा क्या जादू कर दिया?
जहाँ भी, जिधर भी आप ही आप हैं नज़र आते
न जाने यह भ्रम है या प्यार का नशा?
यह सोचते हुए हम खुद ही,
प्रश्न हैं बन जाते
शायद यही आस लिए कि
आप जो प्रश्न का उत्तर बन जाते
तो प्रबल संकट प्रश्नों के घेरों से,
हम वो बच जाते।

कविता

47 वो मैं हूँ ...

मैं भी कितना पागल हूँ
दिल में
एक ही हठ लिए बैठा हूँ
मालूम है
तुम एक दूर गगन के चाँद हो
जो सिर्फ़ चमकता है
उसे छू नहीं सकते
फिर भी उसे छूने की चाह में
एक ही रट लिए बैठा हूँ
तुम्हें चुरा लूँ उस गगन से
सजा लूँ अपने सपनों में
छुपा लूं अपने दिल में
लेकिन तुम तो अपनी ही ज्योति में
इतने दमकते रहते हो
तुम्हें क्या चिन्ता
उस शख़्स की
जो तुम्हारे दहकते अंगारों से
जल रहा है
वो कोई और नहीं
वो मैं हूँ।

कविता

48 ख़रगोश ...

ओस का ख़रगोश
दुबका है दूब में,
राहत छिड़कता है
ज़िन्दगी की ऊब में।

वह तो निकल नहीं सकता,
धूप निगल जायेगी।
ख़रगोश फुदकना चाहता है,
लान पर, पेड़ पर,
बाग़ीचों पर,
पिघलना नहीं चाहता,
बिखरना नहीं चाहता।

इन्तज़ार
कब धूप पिघले
और चाँद निकले
कुछ और ओस के साथ
कुछ और ख़रगोश बनाये।
उन्हें भी खुश होना
उछलना सिखाये।

कविता

49 # मेरी तनहाई ...

जाने कबसे यही सोच रहा हूँ
कि मैं तनहा हूँ
मगर यह कैसी तनहाई है
क्यों हर दिन कविता एक नयी जन्म लेती है?

किसी के आने की आहट
दिल को धड़का जाती है
क्यों ज़ेहन में भीड़ रहती है ख़्यालों की
क्यों तूफ़ान समेटे हर एक रात
सीने में उतर आती है।

क्यों अकेले में किसी से बातें करता हूँ
क्यों हर शाम पहुँच जाता हूँ उन वादियों में
जो हर बार अनजान-सी लगती हैं
क्यों सुबह होने तक
तूफ़ानी रात सब कुछ उजाड़कर
हर नये दिन को नीरस बना जाती है।

क्यों किसी का प्रतिबिम्ब देखता हूँ दीवारों में
जाने किसे ढूँढता हूँ मन के गलियारों में
क्यों पहाड़ों का सीना रौंदकर
चिल्लाने को जी करता है

क्यों उँगलियाँ रेत पर
कोई नाम लिख-लिखकर मिटाती हैं
क्यों लिपटकर पेड़ों से रोने को जी करता है
कौन है जो सोते में इतने पास आता है
मेरे होंठों पर धीरे से उँगलियाँ फिराता है?

कौन है वह
जो खुशबू की तरह
आस-पास बिखर जाता है
अगर मैं तनहा हूँ
तो फिर यह कविता किसके लिए लिखी है
आख़िर वह कौन है जो आकर
मेरी तनहाई में शामिल हो जाता है।
शायद वह एक आकार है
जो मुझसे कहीं बड़ा है
मेरी तनहाई में कविता की तरह
मेरे सामने खड़ा है।

कविता

50 # मौत का मंज़र ...

ऊपरी दुनिया के दीवानो!
असली दुनिया से अनजानो!
तुमने कभी,
जलती हुई ज़िन्दगी में
तड़पकर जीते हुए लोगों की
मौत का मंज़र नहीं देखा।
ग़ैरों के सपनों पर
अपना महल बनाने वालो!
समय की घात से बेख़बर मतवालो!
तुमने अभी,
होनी के हाथों में उठा ख़ंजर नहीं देखा।

लोगों की ख़्वाहिशें क्यों हो जाती हैं सर्द
कैसा होता है सपनों के टूटने का दर्द
क्यों होता है अपनों के रूठने का दर्द
यह तुम क्या जानो
तुमने किसी दुखते दिल को छूकर नहीं देखा
उदासी के लमहों को जीकर नहीं देखा।
आसमान में बेपरवाह उड़ने वालो!
तुमने कभी,
अपने अन्दर उतरकर नहीं देखा।

तुम तो बस
मदहोश रहते हो
अपने में ही सुखी रहते हो
मायूस, गुमनामी में बसे बेगाने अरमानों को
तुमने कभी चीरकर नहीं देखा।

कविता

51 # मुस्कराने की सज़ा ...

अपनी नादानी पे मुँह मोड़ के रोए
दिल मेरा,
बे-इरादा तोड़ के रोए
पहले मेरी तस्वीरों के टुकड़े किये,
फिर उन्हीं टुकड़ों को जोड़ के रोए।

जैसे फूल बिखरते हैं
आँधी से टकराने के बाद
कश्ती डूबती है,
तूफ़ान आ जाने के बाद
जैसे बिन पानी के तड़पती मछली
तड़प के वो भी रह गये,
मुझको तड़पाने के बाद।

ज़िन्दगी ने मुस्कराने की सज़ा ये पाई है
जैसे हर क़दम,
मेरी आवाज़ चट्टानों से टकराई है
अब इसे होनी कहें या अनहोनी कोई
प्यार में दिल टूट जाना,
यही तो एक सच्चाई है।

अब तो मुस्करा कर झेलता हूँ,
जग-हँसाई का ये ग़म
दिल में छुपाकर रखता हूँ
जुदाई का ये ग़म
ओ बेवफ़ा, कुछ पता भी है तुम्हें
जान ले लेता है अक्सर,
बेवफ़ाई का ये ग़म।

मेरे ग़म का मुझको
जो चाहो सिला देना सनम
बस मुहब्बत से ज़रा
मुस्करा भर देना सनम
दिल में खुद-ब-खुद
रोशनी हो जायेगी
आकर तुम चाहत का दीया
जला देना सनम।

हमने कितनी बार लोगों की जुबां से है सुना
रूठकर आँखें चुराना हुस्न की है इक अदा
लोग जो चाहे कहें,
लोगों की अपनी सोच है
अब हमें दिल की लगी,
लगने लगी है एक सज़ा।

कविता

52 दोस्त ...

मेरे दोस्त,
आज उतना मैं खुश नहीं हूँ
जितना होना चाहिए।
होंठ भर मुस्कान तो है
फिर भी आँखों में नमी है
शायद मुझमें ही कुछ कमी है
इसलिए,
मैं रो भी नहीं पाता
जितना रोना चाहिए।

मेरे दोस्त,
तुम मिसाल दोस्ती की
महान बनके आये हो।
कल चले जाओगे
मन में शून्यता भरकर
ऐसा अभी से लग रहा है
दोस्त थे, पर आज क्यों
मेह्मान बनके आये हो।

लहरों के राजहंस तुम
कल किरण के सरोवर पर

तैरते हुए
उस पार निकल जाओगे
इस पार का सब कुछ
शायद तुम भूल जाओगे।

आज की यह ख़ुशी
ये पुरानी यादें
सब किनारे लग जायेंगी
फिर हमारी ख़ामोशियाँ
आँख मलते हुए
उठ जायेंगी, जग जायेंगी।
दिल में समाये हुए
हवा की तरह छाये हुए
एक आकृति को
दूर कहीं जाते हुए देखूँगा
आँसुओं का पुष्प-हार
उसकी ओर फेंकूँगा,
जो उस तक
पहुँच नहीं पायेगा
लौटकर वापस
मेरे ही पास आयेगा।

आज मैं तुमसे पूछता हूँ
कहो तुम! मैं क्या कहूँ?
मुझको लगता है
तुमसे दूर भी हूँ, पास भी हूँ
कहो इसको मैं क्या कहूँ?

इस खुशी को दिल में भर लूँ
याद बनाकर
या कोई दुखद स्वप्न समझ
इससे थोड़ा मुकर लूँ?
या फिर नसीब समझ
जीवन का दर्द मान
इसको जीवन की तरह सहूँ?
मैं क्या कहूँ?

कविता

53 प्रणय-दिवस ...

प्रणय-दिवस यह
लगता है कुछ न करूँ
बादल को बादल की तरह
चूमता रहूँ।

आज दुनिया अलग रह जाती है
रह जाने दो
तुम्हारी दबी हुई सारी चाहतों को
होंठों से होंठों तक
बह जाने दो।

पहले भी लगता था
तुमसे मैं दूर नहीं हूँ
आज लगता है कि
तुमको पा गया हूँ
यह जो मंज़र है तुम्हारे सामने
यह तुम्हीं हो,
तुम्हीं पर मैं छा गया हूँ।

आज महबूबों के जलवे
दिल को तड़पाते हैं
और सुकून देते हैं

मैंने इतने ग़ौर से देखा नहीं था
तुम्हारी सभी अदाएँ
मेरे दिल को
देखो मुझसे छीन लेती हैं।

कविता

54 # आया है नव वर्ष ...

द्वार पर दस्तक दी है किसी ने
उनको सुनो और गीत गाओ
आ गया है नव वर्ष
नव-नव प्रीत पाओ।

कलियों की मासूमियत
है समेटे यह
अपने में कुछ ख़ासियत
है समेटे यह
अग्नि की ज्वाला है इसमें
शीत पाओ।

दिलों की धड़कन सजाओ
स्वागत में
दिल को खोलो
व्याप्त हो अव्याप्तों में
रस्म छोड़ो
नयी कोई रीत पाओ।

यह जगह अपनी है
इसको गले लगा लो

हो सके तो रोशनी के
तले जगा लो
चल पड़ो
शायद धरा को जीत पाओ।

पौधों ने करवटें बदली हैं
नया यह वर्ष है
कल की बातें भूलकर मानें कि
यह आदर्श है
क्या पता विष से भी तुम
अमृत पाओ।

कविता

55 चाँद उतर आया है ...

सूरज खिल उठा है
फूलों की क्यारियों में
मौसम मसरूफ़ है
स्वागत की तैयारियों में।

बराँडे में सरक आयी हैं
धूप की कुछ कतरनें
बराँडे में बैठकर
सूप पीते हुए
तुम्हारे रूप को निहारना
तुमसे दूर रहकर
लगता था,
ज़िन्दगी में
अवसाद घिर आया है
अब तुम्हारे साथ
ऐसा लगता है
अन्दर तक नये साल का
कोई चाँद उतर आया है।

कविता

56 मुझे माफ़ करना ...

उस दिन अगर तुम
एक फूल ही भेजते तो
मेरे लिए वह बहार होता
मगर तुमने तो मुझे
बिल्कुल ही भुला डाला
तुम्हारी इस अदा ने
मुझे रुला डाला।

कुछ दिनों बाद
तुम्हारा आना
फिर हाथों में मेरे
प्यारा-सा तोहफ़ा थमाना
और बड़े अन्दाज़ से कहना
'इस बार भूल हुई, मुझे माफ़ करना'
चुप ही कर दिया तुमने तो
कहकर मुझे इतना।

लेकिन,
सदा यह याद रखना
जो प्यारा-सा तोहफ़ा
तुमने सलीक़े से बाँधकर दिया है

वो कोई मामूली तोह्फ़ा नहीं
अपनी क़ीमत से भी बहुत क़ीमती है
क्योंकि,
समय को एक छोटे प्यारे डिब्बे में तुमने
बन्द करके मुझे दिया है।

पर, समय को बाँधने वाले
तुम भी कभी न भूलना
'समय पर संयम नहीं'
बस यही याद रखना।

कविता

57 # ख़ून की होली ...

ख़ून की होली है,
यहाँ हर तरफ़ गोली है,
चुप रहो, मर जाओगे
यह समय की बोली है।

आदमी है मर रहा
बाहर और अन्दर
कैसे दुःस्वप्न से
गुज़र रहा है।
डरना भी मुश्किल है
इस से
मुकरना भी मुश्किल है।

ऐसा एक समय यह आ गया,
अब इंसान के
मरने में दम नहीं,
वैसे तो सुविधाएँ भी
कम नहीं,
और किसी भी जगह
मरने का किसी को ग़म नहीं।

आदमी,
किसी जगह, कोई भी
क़ायदे से मर सकता है।
लेकिन अब
आजकल,
यह कोई ख़बर नहीं,
इसलिए आदमी को
मरने का डर नहीं।

ख़ून की होली में
ख़ून जितना बहता है,
जिस्म में ख़ून है
पानी कहीं नहीं।
पानी मिलना मुश्किल,
ख़ून बिना
कोई गाँव,
कोई शहर नहीं।

आदमी,
मर जायेगा खुशी-खुशी,

क्योंकि,
मरने के लिए
आदमी पर,
कोई चुंगी या टैक्स नहीं।
इसलिए
आदमी को
मरने का डर नहीं।

कविता

58 मौन आवाज़ ...

नहीं करनी अब मुझे चीत्कार कोई
ताप के अन्तिम गरल को पी गया हूँ,
घायल पड़ा वजूद है
बिखरा हुआ अहसास है
टूटे हुए स्वप्न,
और मंज़िल बिना की खोज,
बीती हुई कुछ यादें हैं
अब यही मेरे पास है।

ऐ मालिक!
शुक्र है कि
मैंने अपनी आत्मा में
औरों का खरोंच लिया
मैंने अपने ही हाथों
अपने चेहरे को नोंच लिया।

नहीं तो,
मैं फिर मरा होता
अपना सब कुछ
किसी सड़क पर पड़ा होता।

लिखता हूँ तो
सुकून महसूस करता हूँ
अंकुरित शब्दों को
जी भर उगने देता हूँ।
अपने को इसी तरह
चलने देता हूँ।
कि मैं जानता हूँ
अगर अब मैं रुक गया तो
मंज़िलें छूट जायेंगी।
इसलिए कि
मैंने अपने मौन से
आवाज़ पा ली है
अब यहाँ पर
कल्पनाओं का दशहरा,
लेखनी की दिवाली है।

कविता

59 | # हवा के पंख ...

हवा चंचल बह रही है
कर रही है वृक्ष से अठखेलियाँ
बिना किसी पंख के
बादलों को पंख दे
आकाश में,
तैरना सिखा रही है।

हवा से
झाँकता है
एक सिरफिरा मौसम
सहज मुस्कान
बिखेरता है।
अपनी ही शरारत पर
निहाल हो
कभी हवा और
कभी बादलों को
छेड़ता है।

अपने आने की खुशी में
खिले फूलों को दावत देता,
गुनगुनाता है

हवा को सहलाता है
वृक्ष को
बादल से नहलाता है।
उससे फिर उड़कर
कहीं जाना है
और फिर लौट आना है।
इसलिए,
ऊँचाइयों को छूने से पहले
धूप में बैठ
अपने पंख सजाता है।

कविता

60 तितलियाँ और सहेलियाँ ...

तितलियाँ !
फूलों पर बैठीं
फूलों सी तितलियाँ
इन्द्र-धनुषी पंखों वाली
सप्त-रंगी तितलियाँ

इन को निहारती हूँ
इन्हें देख,
अपने को निखारती हूँ
सखियों के साथ में
बाग़ में विहारती हूँ

मेरी सहेलियाँ
नहीं हैं तितलियाँ
लेकिन तितलियाँ
है मेरी सहेलियाँ

इन को देख कर खुश होना
सीखना चाहती हूँ
एक मासूम ज़िन्दगी
जीना चाहती हूँ

प्यारी तितलियों की तरह
दिखना चाहती हूँ

मैं मासूम हूँ
तुम भी मासूम हो
मेरी तितलियो
तुम मेरी अँखियाँ हो
इसीलिए,
तुम मेरी सखियाँ हो

तितलियो !
आओ तुम भी देखो
तुम में और मुझ में अन्तर नहीं, जैसे
पंखों वाली तितलियाँ और फूल में
अन्तर नहीं
तुम तो उड़ती हो
मैं भी उड़ना चाहती हूँ
तुम्हारे साथ साथ
आकाश छूना चाहती हूँ

तुम अपने पंख मुझे दे दो
अपना झिलमिल रंग मुझे दे दो

ताकि कुछ समय,
मैं भी फूलों के साथ रहूँ
तितलियाँ मेरी सहेलियाँ
तुम्हारे साथ,
सप्त-रंगी सपनों की बात करूँ

कविता

61 # हम छा गये हैं...

उस जगह देखो
जहाँ हम आ गये हैं
लगता है हर ओर ही
हम छा गये हैं

वृक्ष सज गये हैं सब
फूलों को ओढ़कर
झर रहे हैं गीत मन से
दु:ख सारे छोड़कर
लग रहा है
आज सब कुछ पा गये हैं।

झुक रहा है नभ
किसी की याद में
कुछ नहीं अब रह गया
अवसाद में
थोड़ी-सी मस्ती में
हम अलसा गये हैं।

लरज रहे होंठों पर
अनकही बातें हैं
मौन पल भी मुखर हैं
आज कुछ सुनाते हैं
फूल सारे बाग़ के
लगता है शरमा गये हैं।

कविता

62 | # कामना की घड़ी ...

कामना की घड़ी है
सवालात अब रहने दो
दीये की तरह दमकते हैं
तुम्हारे होंठ,
अब मना करते
यह तुम्हारे हाथ रहने दो।

आज एक संयोग ने दस्तक दी
खिड़की खुली और
तुम दिख गयीं
दिल के एक सादा सफ़हे पर
तमन्ना कुछ लिख गयीं।
तुम भी कुछ सकुचाईं-सी
थोड़ा रुकीं,
फिर चल पड़ीं
तुम्हें यादों ने आतुर कर दिया
मैं अधूरा था,
तुम्हारे दर्द ने दिल भर दिया।

बड़ी मुद्दत बाद आई यह घड़ी
इस घड़ी को आज

चलने दो
शब्द के जंजाल को छोड़ दो
दिल में ख़यालात
पलने दो।
मैं तुम्हें छूऊँ
तुम मुझे छुओ
सुबह को भूल जाओ
शाम को भी ढलने दो।

तुम रहो, मैं रहूँ
बस यह रात रहने दो
फिर करेंगे बात,
आज सब बात रहने दो।

कविता

63 सवालात रहने दो ...

मन्नतों से मिली यह घड़ी है
सवालात रहने ही दो
मुझे नाउम्मीद करते ये
बेवफ़ा ख़यालात रहने दो।

जानता हूँ, साथ नहीं हो तुम
फिर भी यादों को मेरी छू रही हो
जैसे बेगाने घर में ज़िन्दगी अपनी जी रही हो।

आज कुछ ऐसा हुआ
खिड़की खुली, तुम दिख गयीं
दिल के एक सादा सफ़हे पर
कुछ तमन्ना लिख गयीं
कुछ सकुचाई-सी तुम
थोड़ा रुकीं, फिर चली गयीं।

मुद्दतों से मिली है यह घड़ी
इसे यूँ ही चलने दो
लफ़्ज़ों के जंजाल छोड़ो
ख़ामोशी ज़रा पढ़ने दो

और सब कुछ भूलकर
बस, तुम रहो और मैं रहूँ

मन्नतों से मिली आज यह घड़ी
सवालात तो बस रहने ही दो।

कविता

64 किरणों के होंठों से ...

किरणों के होंठों से
धरती को चूम रहा है
नये साल का नया सूरज मस्ती में झूम रहा है

क्षितिज अपना
आँचल लहराता है
सालभर खोया हुआ कुछ आज कोई पाता है

मौसम में हरियाली छा जाये
हमारी धरती यह
खुशहाली पा जाये

नया साल हर दरवाज़े पर
खड़ा दस्तक दे रहा है
आज सब कुछ भूल जायें न गिनें कितना सहा है

छँटकर उच्छ्वास घने
पाने की प्यास बने
आदमी उल्लास बने जीवन अहसास बने।

कविता

65 तुम हो मेरे पास ...

तुम हो मेरे पास
फिर भी क्यों दिल में उदासी है?
रोक लो अपनी नज़र को,
यह मुझे तृप्ति नहीं देती
क्योंकि मेरी
नज़र, दिल और रूह प्यासी है

अब तुम्हारी बेवफ़ाई
भी कुबूल है,
क्योंकि मैंने देखी है
जब बावफ़ा थी,
मुझसे
बेइंतिहा प्यार करती थी

अब ये आलम हो गया है
तक़दीर अपनी
ज़िन्दगी में कुछ ऐसा बो गया है,
कि फ़स्ल उगने से पहले सूखती है
बिल्कुल ही अन्दर से

क्योंकि हमारे प्यार का
जो रास्ता था
वह
किसी मोड़ पर खो गया है
कोई भी अहसास,
अब एक लम्बी नींद सो गया है
प्यार का यह लमहा अब ऐसा हो गया है
खोखला दिल दुखता है

वफ़ा और बेवफ़ाई में
फ़र्क़ क्या है
तुम चली थीं मैं चला था
फिर भी हम मिल न सके
शायद,
तुम्हारे मेरे बीच का
फ़ासला ज़्यादा बड़ा था
हमारा
एक-दूसरे से प्यार का
अहसास सो गया है।

ऐसे में जितना चलो
जितना रुको
हम कभी
मिल नहीं सकते
प्यार के फूल
अब कभी खिल नहीं सकते।

कविता

66 # आज का यह आदमी ...

हवा के अख़बार में
धूप के अक्षर लिखे हैं
आज का यह आदमी
कैसा दिखे है?

छटपटाता लड़खड़ाता
लहूलुहान हो लड़ रहा है
आदमी की ज़ात है
इसलिए वह आदमी तो दिखता है
हाथ में एक क़लम लेकर
अपनी ख़बर तो लिखता है,
पर जो वह अपने से ऊपर चढ़ रहा है
बाहर वह साबुत, अन्दर सड़ रहा है।

यह ख़बर भी सच है शायद
आदमी तो खो गया है
अभी जो चल फिर रहा है
वह तो अब रोबोट ज़्यादा हो गया है
सभी कारोबार करता है वह
जी भी रहा है
आदमी के नाम पर
आदमी के नाम पर मरता भी है वह।

पूछ रहा अपने से
'मैं कौन हूँ?'
बोलता भी हूँ या फिर मौन हूँ
वह मेरा रोबोट बोला
मैं और तुम में फ़र्क़ क्या है,
तुम आदमी, मैं रोबोट हूँ
यह तर्क क्या है?

कुछ नहीं,
दोनों संग-संग काम करते
मैं तो वह भी नहीं,
तुम विश्राम करते हो
मैं अमर हूँ, तुम रोज़ मरते हो
प्रश्न छोड़ो प्रश्नों का जंगल घना है
यह समझ लो आदमी-रोबोट
अब जुड़वाँ बना है।

कविता

67 हवा चंचल बह रही है ...

हवा
चंचल बह रही है
कर रही
वृक्षों से अठखेलियाँ
बिना किसी पंख के
उड़ रही है।

बादलों को पंख दे
आकाश में,
तैरना सिखा रही है।

हवा में से
झाँकता है
एक सरफिरा मौसम
सहज मुस्कान
बिखेरता है।

अपनी ही शरारत पर
निहाल हो
कभी हवा और
कभी बादलों को
छेड़ता है।

अपने आने की ख़ुशी में
खिले फूलों को दावत देता
गुनगुनाता है
हवा को सहलाता है
वृक्षों को
बादल से नहलाता है।

उसे फिर उड़कर
कहीं जाना है
और फिर लौट आना है
इसलिए,
ऊँचाइयाँ छूने से पहले
धूप में बैठ
अपने पंख सजाता है।

कविता

68 आजा लौट के जाने वाले ...

प्यार मेरा ठुकराने वाले
दिल को तोड़ के जाने वाले
उम्र की सूनी राहों में
गलियों में चौराहों में
मेरा प्यार तुझको बहुत याद आयेगा
ये दिलदार,
बहुत याद आयेगा

तन्हाई की रातों में
तूफ़ानी बरसातों में
जब-जब मुझको याद करोगे
क़िस्मत से फ़रियाद करोगे
लेकिन,
कोई साथ न होगा
हाथों में ये हाथ न होगा

तड़पोगे, फिर पछताओगे
खुद से भी तुम घबराओगे
इसीलिए,
ऐ जान-ए-जानाँ
वक़्त के रहते समझाता हूँ

दिल की बातें बतलाता हूँ
प्यार मेरा ठुकराने वाले
आजा लौट के जाने वाले

कविता

69 पेट भर रोटी ...

किसी ग़रीब की आँखों से
पोंछ कर आँसू
खुशी की थोड़ी सी ख़ैरात बांट कर तो देखो
खुदा तुम्हारी भी दुआएँ
कुबूल कर लेगा

भूख से बेहाल,
किसी नन्हे बच्चे को
उठा के गोद
सीने से तुम लगाओ तो कभी
महकते फूल खिलेंगे
तुम्हारे आँगन में

सुलगती धूप में मेहनत से हल चलाते
पानी की जगह पसीनों से खेत भिगाते
किसी किसान के सुख-दुख
बाँट कर तो देखो
तुम्हारे जीवन पे रहमत की बारिशें होंगी

जला के बस्तियाँ
हाथों को तापने वालों
निकल के देखो

सियासत के बन्द कमरों से
तुम्हारे जुल्म से कैसा अँधेरा फैला है
तुम अपने दिल पे रखो हाथ
और ये सोचो
शरीफ़ शहरी भी इंसान हैं
तुम्हारी तरह
ये आम लोग ताज-हुकूमत के दावेदार नहीं
ये तो चाहते हैं फ़कत
दो वक़्त पेट भर रोटी

कविता

70 माँ ...

एक मुद्दत से मैं सोया नहीं
मुझे तेरी लोरी की याद आती है,
माँ! मुझे अब नींद नहीं आती है।

रात भर जाग के जीना
इन आँखों ने सीख लिया अब तो
नींद आती भी है तो,
याद तेरी जगाने चली आती है
पलकें झपकती भी नहीं,
कि आँखें मेरी भर आती हैं
तेरी स्मृतियाँ,
इस दिल को बहुत जलाती हैं।

जिनमें बसता था मैं हरदम,
उन निगाहों को आज भी ढूँढता हूँ
सुकून महसूस करता जिनमें मैं,
उन बाँहों को अब भी ढूँढता हूँ।

उस देह्री को देखता हूँ,
जहाँ बैठ तू मेरा इन्तज़ार करती थी
अब तो बस धुँधलापन ही देखता हूँ वहाँ,
जहाँ तू मुझे प्यार करती थी।

माँ! तू वह पेड़ है,
जिसने मुझे कभी धूप लगने न दी
सदा आँचल में छुपाके रखा,
दुनिया की नज़र लगने न दी
नींद अपनी भुलाकर,
हरदम सुलाया मुझको
आँसू अपने गिराए मगर,
हर पल हँसाया मुझको।

उँगली तेरी पकड़
ज़िन्दगी में चलना सीखा
तेरी आँखों से देखा हुआ यह संसार
अब मुझे लगता है फीका।

आज फिर तेरी गोद में,
सोने को दिल करता है
तेरे न होने से,
रोने को दिल करता है
याद आते हैं वो बीते पल,
आज फिर,
बचपन में लौटने को दिल करता है

यादें ही तो अब रह गयी हैं याद करने को,
मेरे बालों को सहला दे माँ,
रोने को दिल करता है।

कविता

71 # पिताजी ...

हमने आपसे सीखा क्या होती है ज़िन्दगी
हाथ जो थामा आपने तो पूरी हुई हर खुशी
कोशिश भी करें तो आप-सा बनना मुश्किल है
ऊँचाई आपकी पाना सचमुच नामुमकिन है

आपकी छाँव है हर पल हम पर
हमारी हर मंज़िल आपके दम पर
गिरकर उठना और चलना सिखाया है हमें आपने
रहे आप हमारी ज़िन्दगी में प्रेरणा बन हमेशा साथ में।

कविता

72 # मीना ! ...

मेरे जीवन की अँगूठी पर जड़ित
एक चमकता नगीना।
मेरे जीवन में आया
बसन्त ऋतु का एक महीना

में तुम्हें कैसे बताऊँ
तुम हो मेरी वास्तविकता
नहीं हो कोई क्षणिकता
अटपटी इस ज़िन्दगी में
भर रही हो सुन्दरता

चाहता हूँ मैं
कि तुम बनो मेरे लिए,
शरद की,
एक खिलखिलाती धूप,
चाँदनी
या चन्द्रमा का रूप।

चाहता हूँ मैं यह भी
मेरे हर पल के लिए,
तुम बनो
एक प्रेरणा का स्रोत

और,
चारों ओर फैली
इस अँधेरी यामिनी में
जगमगाती जोत।

लेकिन शायद
मेरे अन्दर ही कहीं
कुछ सूखता था
सूनी शीतलता
हरापन दुखता था
इसलिए,
मैं तुम्हें लेकर भी दुखी हूँ,
मैं एक ऐसा काव्य था
जो बेतुका था।

आज तक
मेरे लिए
तुमने जितना कुछ किया है
मैंने अब तक
उसी को जिया है।

बाकी तो बस
मरुथल ही जिया है।
जीवन की बेहोशियों को ही
मैंने जिया है।

तुम कहाँ से आयीं
दूर करने को मेरी तन्हाई
तुम ने मेरी
छोटी और प्यारी सी
गृहस्थी सजाई।

जैसे मेघ बरसता है,
तुमने इस सूने ह्दय के लिए,
मेघ बन
मेघा दिया है,
मानो जीवन भर का
एक सपना दिया।

आज मैंने अनकहा
सब कुछ कहा है
तुमने जितना सहा है

तुम्हारे दुख को
अपना समझकर
मैंने थोड़ा सा सहा है।

इसलिए
तुम सुनो यह,
मुझे कुछ कहने दो।
तुम सदा हँसती रहो
जीवन नदी को बहने दो।
या तो ढलती रात के
अँधेरे को छोड़ दो
सुबह की इस रोशनी को
आँगन में उतरने दो
सिर्फ़ यथार्थ जीना है
और सब कुछ रहने दो।

कविता

73 मेघा ...

मेघा
तुम कभी उदास न हो।

तुम्हारी उदासी
अन्धकार बनकर
मेरी दुनिया में
छा जाती है,
तुम्हारी उदासी
मौत की परछाइयों को
साथ लेकर,
दरवाज़े पर दस्तक देने
आ जाती है।

तुम एक काँटों भरी दुनिया में
फूल की तरह खिली हो,
धुँधले से दलदल में
मुझे,
कमल की तरह मिली हो।
मैं तुम्हें
धूप की तरह
खिलखिलाती
देखना चाहता हूँ।

मैं तुम्हें,
दीपमालाओं की तरह
झिलमिलाती
देखना चाहता हूँ।

जीवन के संघर्ष में
सच्चाई को पाने के लिए,
तुम एक वीरांगना की तरह लड़ो।
ज़िन्दगी की
कठिन राह पर एक
अथक की गति बन
चल पड़ो।

ज़िन्दगी में
कई झंझावात आते हैं
उस में घिरकर लोग
अपने को मिटाते हैं।
तुम,
एक शान्त दीप बनकर
बुझना नहीं,
जलना यहीं,

तुम कभी
मिटना नहीं।
तुम उनकी कहानियों को दोहराना,
जो
शुभ्र, शान्त, शिखा बनकर
खुद नहीं मिटते
आँधियों को मिटाते हैं।

मेघ जल बरसाकर
कितना स्वच्छ होता है,
नदी का बहना, थिरकना,
खेत को जल दान करना,
किस तरह निष्पक्ष होता है,
ऐसा ही बलिदान कोई
त्याग कोई,
आदमी का लक्ष्य होता है।
तुम इसे ही याद रखना
तुम्हारी इस ज़िन्दगी में
और कोई तलाश न हो

मेघा
तुम कभी
उदास न हो।

मैं पिता हूँ
तुम पर यह कविता लिखता हूँ
और चाहता हूँ,
एक दिन तुम खुद कहो,
पापा, मैं भी तो तुम्हारी ही रची
कविता हूँ।
उस समय की
प्रतीक्षा में
तुम भी जीती हो
और मैं भी जीता हूँ।

तुम्हारे लिए
मेरी बस यही कामना है,
तुम्हें कभी हारने का
अहसास न हो,
मेघा,
तुम कभी उदास न हो।

कविता

74 | # आहना ...

आहना,
आज तुम्हारे जन्म-दिन पर
तुम्हारा यह नाना
इतना पुलकित है
ढूँढता है तुममें,
अपनी खोई खुशियाँ
और हर्षित है।

आहना,
जिसे मैं अंजाम न दे सका,
उन बिखरे सपनों को
तुम्हें,
साकार करना है
मेरे उस अधूरे चित्र को,
जिसे मैं पूरा न कर सका
तुम्हें,
उसमें आकार भरना है।

आज का दिन यह
वैसे तो,
हर बरस आने को है,

फिर भी लगता है
तोहफ़े में,
आज अपना सारा जीवन
तुम पर वार दूँ
मगर फिर सोचता हूँ,
तुम्हीं तो हो,
मेरा जीवन,
मेरा सबसे बड़ा उपहार
तो,
फिर क्या तुम्हें उपहार दूँ?

कविता

75 मेरा परिवार-मेरी वाटिका ...

मैं
नमन करता हूँ
अपनी उस वाटिका को
जिसका एक
छोटा सा फूल हूँ मैं।

मेरी तरह
इस वाटिका में
कई सुन्दर फूल हैं
और फूल
वाटिका का हार है।
यही हमारा एक
जीवन्त परिवार है।

हम सभी शाख हैं
उस वृक्ष की,
पिता की
जिसने हमको उठ खड़ा होना
सिखाया।

ज़िन्दगी की दौड़ में
आगे बढ़ना और

चैन की नींद
सोना सिखाया।
इस दुनिया में
कर्म करके पाना और
अपने परिचय के साथ
सर ऊँचा कर
जीना सिखाया।

हम हैं पत्तियाँ
उस लता की
अपनी माँ की
जिसने हमको
प्यार में पलना सिखाया।
और अपनी ममता की
शीतलता देकर
दूसरों का दर्द
अपना जान
पिघलना सिखाया
और अपने दुःख में
सँभलना सिखाया।

तुम्हारे इसी वात्सल्य,
करुणा, और ममता की
शीतल छाँव में
तय किये है हमने
सभी दुर्गम और
लम्बे रास्ते
हम कुछ भी करें,
उसे हम समर्पित करते हैं
अपने इस प्यारे परिवार को
क्यों कि,
हम हमारे परिवार को पूजते हैं
और पूजा के फूल
उसी को अर्पित करते हैं।

इसलिए
ओ ! हमारे जन्म-दाता,
ओ ! माता-पिता
हम तुम्हारे उस ऋण से
कभी मुक्त होना चाहते नहीं
क्यों कि हम
तुम्हारे स्नेह के
अहसास को
कभी खोना चाहते नहीं।

नज़्में

नज़्म

1 तेरे प्यार में ...

चाहतों से ज़्यादा चाहने लगे हैं
खुद को तेरे रंग में रँगने लगे हैं
साँसों से तेरी सारा आलम है महका
मदहोश इतने तेरे प्यार में।

खोए हैं तुझमें यूँ
अब न ख़बर यह हमें दिन है या रात है
दिल से दिल की बातें हैं
होंठ कुछ कहते नहीं, धड़कनों का शोर नहीं
ख़ामोश इतने तेरे प्यार में।

छाया जो मुझपे है
बस एक तेरा जादू खुद पे नहीं अब क़ाबू है
बेताबियाँ बढ़ने लगीं
बेचैनियों में ढूँढे क़रार आँखें मेरी कहने लगीं
खुद से ज़्यादा तुझसे प्यार है।

नज़्म

2 दिल जलता है ...

तेरी आरज़ू के साये में
दर्द मेरा पलता है
यह कैसा प्यार है आँखें नम हैं
क्यों दिल जलता है?
ख़्वाहिश है या है जुनून
दिल को कुछ भी समझ आये ना।

चाहा तुझे, सोचा तुझे
दिल में बसाया तुझे
जज़्बात की हर शाख़ पर
खुशबू से लिखा तुझे
ओ बेख़बर तूने मगर
अपना न समझा मुझे
दिलबर तेरी यह बेखुदी
जान कहीं मेरी ले जाये ना।

चाह तेरी, आस तेरी
दिल से निकल पाये ना

ये रोशनी, ये चाँदनी
यह चाँद ढल जाये ना
हर पल जियूँ साथ तेरे
सपना यह खो जाये ना
पर जाने क्यों मेरी तड़प
एक तू ही समझ पाये ना।

नज़्म

3 # करवटों के पल ...

करवटों के पल भूले थे जो कल
याद आज वो आ रहे
सिहरन साँसों में, चेह्रे पे मेरे
मुस्कान कितनी ला रहे
तुम्हारी महक मेरे आसपास
धुँधली झलक बस तुम्हारी ख़्वास
दिल के क़रीब ला रहे।

तुम्हारे-मेरे दरमियाँ जो थीं
जाने कितनी दास्तानें
जो परछाइयों में मिली थीं
फिर ले आयीं मुझको वहाँ
तुम थे, मैं था, अपना जहाँ
तुम्हारी महक मेरे आसपास
धुँधली झलक बस तुम्हारी ख़्वास
दिल के क़रीब ला रहे।

पल जो गुज़ारे तुम्हारे संग थे
आशना हुए तुम्हारे हम

मेरे ख़्यालों में आते रहे
यादें तुम्हारी दिलाते रहे
मुझको तुमसे मिलाते रहे
तुम्हारी महक मेरे आसपास
धुँधली झलक बस तुम्हारी ख़ास
दिल के क़रीब ला रहे।

नज़्म

4 बावरी मोरी बिन्दिया ...

बावरी मोरी ये बिन्दिया
रूठे, करे न शृंगार रे
साँवरे पैरों की ये पायलिया
तोरा करे इन्तज़ार रे
चूड़ी खनके तो तनहा मन मोरा
पिया मिलन बेक़रार रे
जिया बेक़रार करे इन्तज़ार।

तोसे जो ना हों बतियाँ
सोएँ ना मोरी अँखियाँ
झुमका मोरा झूमे नहीं अब
गालों को मेरे चूमे नहीं अब
पूछे मुझसे है, पिया कहाँ हैं तेरे
जिया खोया कहाँ रे
जिया बेक़रार करे इन्तज़ार।

तू क्या जाने पिया रे
मोरी पीर यह दिल की
विरहन बनके दर-दर घूमूँ

मीरा जैसे मोहन ढूँढे
आ भी जा अब राह देखूँ तेरी
बैठी नैना बिछाए रे
जिया बेक़रार करे इन्तज़ार।

नज़्म

5 तू परी या तू खुदा ...

एक तुझमें सब है मिला
मेरा होश तू ले चला
फूलों का रंग, सुबह की धूप
सर्दी की ओस, बादल का रूप
सब-सी तू है, पर है जुदा
या तू परी या तू खुदा।

कोई जादू है तू या
कोई नशा-सा, क्या पता
तू ही आती नज़र है
देखूँ जिधर भी क्यों बता
शबनम जैसे चाँदनी में
ऐसी तू कोई हूर है
जन्नत का जैसे ख़्वाब तू
देखूँ तुझे ज़रूर मैं
या तू परी या तू खुदा।

मेरे दिल की ज़मीन ये
जैसे थमी हो तेरे बिना
हर पल कोई कमी हो
जब तू नहीं हो जीना गुनाह

सूरज की उजली किरण तू
ठंडी-सी तू सहर
तू ही तो राह है मेरी
तू ही तो रहगुज़र
या तू परी या तू खुदा।

नज़्म

6 एक पल ज़िन्दगी ...

एक पल ज़िन्दगी और सौ हैं ख़याल
मेरे हर ख़याल में एक तेरा ख़याल
ख़्वाबों में बस तू ही रहा है
आज तू मेरा, तू ही कल भी रहा है
मुझमें था, मुझमें है, तू बेहिसाब
तेरा ख़याल, बस तेरा ख़याल।

अभी-अभी जो पल मिले, हम दोनों उनमें जिएँ
खोए-खोए दुनिया से हम, आज बस तेरी हम सुनें
कल फिर न आयेगा, आज अपना ये सनम
बहे जा मुझमें आज, तोड़ दे हर क़सम
आ जा इतने क़रीब, हो न ये फ़ासला
मुझमें था, मुझमें है, तू बेहिसाब
तेरा ख़याल, बस तेरा ख़याल।

दिल-दिल से लगाने की, हैं मेरी हसरतें
धड़कनों को मेरी हैं, तेरी-तेरी ज़रूरतें
मेरी निगाहों में, बस तेरी बाँहों में
तेरी पनाहों में, मेरे-मेरे दो जहाँ
जाऊँ मैं अब कहाँ, तू जहाँ मैं वहाँ
मुझमें था, मुझमें है, तू बेहिसाब
तेरा ख़याल, बस तेरा ख़याल।

नज़्म

7 चाँद तू थम ज़रा ...

यूँ ही कभी राहों में वो मिले ज़रा
यूँ ही कभी सरगोशियों से कहे वो ज़रा
कभी तू भी आ के अपनी ज़मीन पे ठहर
कर दे फ़िज़ाओं को तू नम ज़रा
ऐ चाँद तू थम ज़रा।

थोड़ा-थोड़ा होना बेख़बर
तुझसे जब वो मिलाए नज़र
कह देना बहका-बहका तू भी उसे देखकर
आशिक़ तू भी हो ज़रा
ऐ चाँद तू थम ज़रा।

कोई नशा-सा हवाओं में भर
जागे सितारों को नींदों से भर
चेहरा उसका रोशन फिर कर देना चाहे
जग की चाँदनी कम ज़रा
ऐ चाँद तू थम ज़रा।

नज़्म

8 तेरी-मेरी बात ...

छ्ल-छ्ल करती है, तेरी हर अदा
छ्म-छ्म करती है, तेरी चाल पे दिल फ़िदा
छ्न-छ्न करती, तेरी बात सबसे जुदा
है सावन देखा तो बहुत, है लगता आज ये अलग
इस बारिश में आ कर लें, तेरी-मेरी बात।

गहरे बादल छाये, ज़ुल्फ़ों को जब तूने सँवारा
ठहरे तेरे लबों पे, सागर के दो सिरों का किनारा
आ धड़कने दूँ मैं बिछा, तू क़दम है रखे जहाँ
मैं होश अपने हार दूँ, मैं हार दूँ ये जहाँ
है सावन देखा तो बहुत, है लगता आज यह अलग
इस बारिश में आ कर लें, तेरी-मेरी बात।

बरसे सावन सारा, आँखों से तू जो करदे इशारा
प्यासा बरसों से मैं, इश्क़ मुझपे बरसा दे ज़रा-सा
तुझमें मिलूँ जैसे बादलों में बूँदों का हो मिलन
आ रस्में सारी तोड़ दें, हम तोड़ें हर बन्धन
है सावन देखा तो बहुत, है लगता आज ये अलग
इस बारिश में आ कर लें, तेरी-मेरी बात।

नज़्म

9 रब की रुबाई ...

रब की रुबाई तू रब का रंग
रब की खुदाई तू रब-सा ढंग
रब की क़सम तू ही रब ही रब
रम-रम के तुझमें रम गये अब
रब ही रब तू, तू ही रब।

कलमा मेरा तू ही, तू ही मेरा इल्म है
सजदे करूँ तेरे, तू ही मेरे दिल में है
तू ही मेरे लब पे सदा, तू ही ज़ुबान पे वाह खुदा
ऐसा तुझमें सूफ़ी हुआ, अब तू ही खुदा
रब ही रब तू, तू ही रब।

हक़ दे दिया तुझे मैंने, मेरी हर साँस पे
आग़ाज़ तू मेरा, तू ही मेरे अंजाम में
मुझमें रहे बस तू ही तू, इतनी-सी है मेरी आरज़ू
ऐसा तुझमें सूफ़ी हुआ, अब तू ही खुदा
रब ही रब तू, तू ही रब।

नज़्म

10 पिया ऐसे न थे ...

मोहे बुलाये न आप ही आये
जितना मनाऊँ मैं रूठे जायें
समझें न हाय मोरे जी की लगी
पिया ऐसे तो न थे।

मीठी नज़र से मन भरमा के पहले जगाई प्यास
बदले फिर ऐसे पल जिनमें टूट गयी सब आस
काहे को बदले वो ऐसे, जानूँ ना
पिया ऐसे तो न थे।

दीप जले हैं आँगन-आँगन सबके बलम हैं साथ
द्वार पे मोरे आ बैठी काली विरहा की रात
प्यारे सजनवा क्यों रूठे, जानूं ना
पिया ऐसे तो न थे।

विरहा के तन-मन सुलगे हैं आये न इक पल चैन
सूनी सेजरिया जब मोहे देखे, भर-भर आयें नैन
काहे सताए वो ऐसे, जानूँ ना
पिया ऐसे तो न थे।

नज़्म

11 ठहरी ये रात ...

ठहरी-ठहरी ये रात क्या समझा रही है
सहमी-सहमी कोई दास्ताँ सुना रही है
रफ़्ता-रफ़्ता ये अँधेरे बेक़रारी में ढलने लगे हैं
ये हवाएँ गुस्ताख़ क्यों हमारे दिल को न समझें।

डूबे से हैं चाँद तारे, ख़ामोश है आसमाँ
तू ही बता ऐ मेरे दिल, तनहा मैं जाऊँ कहाँ
कोई मंज़िल, न रस्ता, न कोई निशाँ है
मंज़र-मंज़र सब कुछ ही धुआँ-धुआँ है
रफ़्ता-रफ़्ता मोड़ सारे धुँधलाने से लगने लगे हैं
ये हवाएँ गुस्ताख़ क्यों हमारे दिल को न समझें।

टूटे दिल से यह मुहब्बत, करती है यूँ दिल्लगी
झोंके हवा के तोड़ते हैं, जैसे घरौंदा कोई
चाहत का है यह दस्तूर कैसा न जाने
लिखती है ये हमेशा क्यों अधूरे फ़साने
रफ़्ता-रफ़्ता ख़्वाब सारे आँखों में चुभने लगे हैं
ये हवाएँ गुस्ताख़ क्यों हमारे दिल को न समझें।

नज़्म

12 चिड़ियों की चहक ...

चिड़ियों की चहक से, पत्तों की सरसराहट से
देखा तुझे जब सुबह की पहली रोशनी में
साँसों को साँस मिल गयी
ज़िन्दगी मिल गयी

नरम पत्तों पे जो गिरी बूंदें
तो सियाही-सी बनने लगी
आसमाँ जैसे काग़ज़ हो बना
धड़कनें क़लम-सी बन गयीं
दास्ताँ कोई अपनी बन गयी
मंज़िलें राहों में ही मिल गयीं
देखा तुझे जब सुबह की पहली रोशनी में
साँसों को साँस मिल गयी
ज़िन्दगी मिल गयी

चंचल-सी किरणें, ये नटखट-सी हवा
है नयी कोई सुबह ला रही
परदे हटा दूँ मैं, खिड़कियाँ खोल दूँ
मन की अँगड़ाइयाँ अब जा रहीं
है नया दिन, ये उमंगें हैं नयी
खुशियाँ ही खुशियाँ हैं हर कहीं

देखा तुझे जब सुबह की पहली रोशनी में
साँसों को साँस मिल गई
ज़िन्दगी मिल गई

दस्तक तेरे जाने की
आने की होती है दिल में अब तक
तू यहाँ है, वहाँ है निगाहों की हद तक
तू न हो तो भी तू साथ है
तुझसे ही मेरे अरमान हैं
देखा तुझे जब सुबह की पहली रोशनी में
साँसों को साँस मिल गयी
ज़िन्दगी मिल गयी।

नज़्म

13 बिखरी यादें ...

यादें बिखरी हुई हैं
दिल भी है टूटा हुआ
टूटे दिल में प्यार को अब
बसने की इजाज़त नहीं।

रास्ता दिखता नहीं है
चेहरे में गमों की परछाई है
यादों के इस सूने जंगल में तो
हँसने की इजाज़त नहीं।

अँधेरे फैले हुए हैं
हुस्न सब मैले हुए हैं
इस मैले हुस्न में भी अब
फँसने की इजाज़त नहीं।

तुम कहाँ हो, क्या पता अब?
एक-सा है साथ रहना और जुदा अब
जी रहा हूँ दर्दे-ग़म में
मरने की इजाज़त नहीं।

नज़्म

14 ज़िन्दगी अजीब है ...

ज़िन्दगी अजीब है
जो अपने को नसीब है
इस तरफ़ मज़ार है
उस तरफ़ गुलज़ार है।

ज़िन्दगी में खुशियाँ हैं
तो ग़म भी हज़ार हैं
तूफ़ान से घिरा हुआ
यह सफ़र भी बेकार है।

अगर कुछ है तो यहाँ
हम ख़बर हैं, अख़बार हैं
ज़िन्दगी
अपने पर उधार है।

सभी कुछ बिक रहा है
यह एक मीनाबाज़ार है
फटे कपड़े-सी यह ज़िन्दगी
हर कहीं से तार-तार है।

नज़्म

15 अपने पर ज़ुल्म करते हैं ...

जिसके लिए वक़्त नहीं
उस ज़िन्दगी पर मरते हैं
कैसे हैं ये लोग
जो अपने पर ज़ुल्म करते हैं।

पाने के लिए दौड़े थे
पर खो चुके हैं सब
रास्ते न मंज़िल है
ग़र्क़ हो चुके हैं सब।

ताज सही, तख़्त सही
अपने लिए वक़्त नहीं
सर पे कड़ी धूप है
सामने दरख़्त नहीं।

जल रही है ज़िन्दगी
पर कोई अफ़सोस नहीं
वक़्त ज़िन्दगी से खेल रहा
कैसी बात है किसी को होश नहीं।

नज़्म

16 # अब ज़माने का ये दस्तूर हुआ ...

अब ज़माने का ये दस्तूर हुआ
आदमी आदमी से दूर हुआ
ज़ंजीरें खुल तो गयी थीं अपनी
वक़्त चलने से क्यों मजबूर हुआ

धूप का क़तरा भी नसीब नहीं
सूरज के हाथों ये कुसूर हुआ
ये नये बादशाह अच्छे थे
अब इन्हें अपने पे गुरूर हुआ

गुल खिलेंगे कि महका मौसम है
ऐसा धोखा हमें ज़रूर हुआ
डुबो दिया इन्होंने कश्ती को
शहर में हर जगह मशहूर हुआ

इनकी अपनी हसीन साज़िश थी
'बसन्त' हिस्सेदारी पर मजबूर हुआ

नज़्म

17 हसीं सफ़र है ज़िन्दगी ...

किसी को एक हसीं सफ़र है ज़िन्दगी
और किसी के लिए ज़ह्र है ज़िन्दगी
कहीं तो एक मंज़र रही ये जश्ने-ज़िन्दगी
कहीं उमस की दोपहर रही है ज़िन्दगी

हर तरफ़ दरवाज़ों पर ताले पड़े हुए
यादों का एक कोना-भर रही है ज़िन्दगी
यूँ तो बहुत तेज़ है रफ़्तारे-ज़िन्दगी
मगर किसी जगह ठहर रही है ज़िन्दगी

ज़ायके बहुत लिए कि फ़र्क़ हो महसूस
हर तरफ़ से बेअसर रही है ज़िन्दगी
चेह्रे तो बहुत दिखे मगर यह थी हक़ीक़त
गुमशुदा गुज़र-बसर रही है ज़िन्दगी

प्यार और वफ़ा अब किताबों की बातें हैं
मुँह फेरकर देखी हुई नज़र है ज़िन्दगी
काटने को अपने पास उम्र ही सही
कटती हुई भी ज़िन्दगी रही है ज़िन्दगी

नज़्म

18 मुस्कराहट का ज़ख़्म गहरा था ...

दिल के जलने से रोशनी जो हुई
उनका मुस्कराता चेहरा था
मेरे जलने से कहीं ज़्यादा
उनकी मुस्कराहट का ज़ख़्म गहरा था

गुल तो वह थे और खिले भी थे मगर
उन पर अंजुमन का पहरा था
उम्मीदें की थीं उनसे मिलने की
सामने दूर तक फैला हुआ सहरा था

उन्होंने बेरुख़ी से मुँह फेर लिया
वैसे आँखों का रंग सुनहरा था
दर्द में चीख़-चीख़ प्यार का इज़हार किया
पर ज़माना पत्थरों-सा बहरा था

उनको देखा जो आख़िरी बार 'बसन्त'
अश्क आँखों में उभर के ठहरा था

नज़्म

19 नदी जैसी ज़िन्दगी ...

आज मौसम जरा चंचल है
इसको यहीं रहने दो
नदी जैसी ज़िन्दगी
इसको जितना चाहे बहने दो

रह-रहकर फूल यह मुस्कराता है
जैसे कोई बार-बार मेरा दिल चुराता है
कोई कानों में दबी-सी बात कहता है
तो उसको आज सारी बात कहने दो

भीड़ में एक चेहरा खिलता है
कहानी यूँ ही बनती है
आज तुम सिर्फ़ तुम नहीं,
मेरे दिल में प्यास इतनी है

दर्द उल्फ़त का अगर होता है मुझको
मरहम मत दो, आज सारे दर्द सहने दो

यह तुम्हारा साथ अब कल का नहीं है
यह हमारा प्यार इक पल का नहीं है
दिल अगर कुछ चाहता है,
आज उसको बहकने दो।

नज़्म

20 शिकस्त ...

ये सहारा भी कोई कम तो नहीं
कि तुम्हारे बग़ैर जीते हैं
ज़िन्दगी बन गयी शिकस्त अपनी
हम ऐसी ज़िन्दगी को जीते हैं।

आपको दिल में भी बसाया था
दिल के कोने में कहीं चाहा था
भरी बहार में उजड़ जाऊँ
मैंने ऐसा तो नहीं चाहा था।

अब तो ख़्वाबों के ख़ाली जामों को
अपनी आहों से भर के पीते हैं।

आपसे दूर भी हूँ,
मुस्कराहट भी है, उदास भी हूँ
सोई-सोई सी एक खुशबू है
थोड़ा पत्थर हूँ, थोड़ा अहसास भी हूँ।

प्यार खो कर भी मुस्कराये हम
ज़िन्दगी में ऐसे दिन भी बीते हैं।

नज़्म

21 बियाबाँ है ज़िन्दगी ...

एक बियाबाँ है ज़िन्दगी मेरी
कहीं यादों के गुल नहीं खिलते
ग़म में डूबे हुए कुछ दिन गुज़रे
अब गुजरने को ग़म नहीं मिलते।

याद कर लेंगे मरते दम तक हम
प्यार में ऐसे दिन भी बीते हैं
यह सहारा भी कोई कम तो नहीं
कि तुम्हारे बग़ैर जीते हैं।

मुफ़लिसी का यह हाल है यारो
फटे पैबंद को भी सीते हैं
अब तो ख़ामोश महफ़िलों में भी हम
तनहा लमहों के जाम पीते हैं।

वो साकी, वो सुराही, वो मयख़ाने
सभी दग़ाबाज़ों की तरह छूट गये
सोची थी जिनसे ज़िन्दगी चलती
वो सारे नाते रिश्ते टूट गये।

नज़्म

22 तुम उधर हो ...

तुम उधर हो शाम की रंगीनियों में
मैं इधर तारीकियों को पी रहा हूँ
इस परेशाँ ज़िन्दगी के तार-तार
दामनों को बैठकर मैं सी रहा हूँ।

पास रहकर तुमने कुछ देखा नहीं
दूर होकर क्या पता सपने बुनो
जिस सुलगते दिल को अनदेखा किया
उस ही दिल की क्या पता धड़कन सुनो।

और इधर जल जाने की उम्मीद से
आग था लेकिन मैं पानी भी रहा हूँ।

अब मेरी हर बात को तुम सोच लो
क्या तुम्हारा प्यार मुझको मिल सकेगा
ख़त नहीं, ये दिल लिखा है सामने
क्या तुम्हें ये दिल मेरा मंजूर होगा?

बस तुम्हारी एक मुस्कराहट माँग लूँ
मैं इन्हीं ख़्वाबों को लेकर जी रहा हूँ।

ग़ज़लें

ग़ज़ल

ज़िन्दगी से आजकल
1 बेज़ार ही हूँ ...

ज़िन्दगी से आजकल बेज़ार ही हूँ
क्या तुम्हारे वास्ते मैं अब वही हूँ

तुम नहीं हो पास तो लगता है ऐसा
खुद से ही अनजान हूँ मैं अजनबी हूँ

अपने को तुम दूर कितना पा रही हो
दिल में झाँको तो ज़रा, मैं पास ही हूँ

मैंने अपनी साँस तेरे नाम कर दी
तू भी ये कह दे, मैं तेरी ज़िन्दगी हूँ

क्यों हमारे दरमियाँ है फ़ासला ये
घर वही है, तुम वही हो, मैं वही हूँ

ग़ज़ल

आपसे मिलने को दिल मेरा मारा-मारा फिरता है ...

2

आपसे मिलने को दिल मेरा मारा-मारा फिरता है
कहने को तो धूप खिली है, मन में अँधेर पसरता है

आपको थी मिलने की चाहत, मैं भी था बेताब मगर
आपके नाम पे इस रस्ते से साया एक गुज़रता है

आप तो मेरे ही ख़्वाबों में गुम रहते थे हर लमहा
अब ये क्या जो आपके दिल में कुछ भी नहीं ठहरता है

आपसे मिलकर मेरे दिल को बड़ी तसल्ली होती थी
और अब ये सूरत है आपसे मिलने से दिल डरता है

आप रहें बेज़ार मगर हम दुनिया से रुख़सत होंगे
यह जीना भी क्या जीना, दिल हर पल थोड़ा मरता है

ग़ज़ल

लगता है मर-मर के कोई जी रहा हो ...

3

लगता है मर-मर के कोई जी रहा हो
आसमाँ बादल की चादर सी रहा हो

क्या करें, हर बार ही खो जाते हो तुम
जैसे जीना एक तसव्वुर ही रहा हो

चाँद तो भरपूर है अपनी चमक से
लगता है यह थोड़ा-सा जल भी रहा हो

वादा करना और फिर वादाख़िलाफ़ी
आपका हर बार पेशा ही रहा हो

मुस्कराना और फिर मुँह फेर लेना
प्यार शायद तेरा तूफ़ानी रहा हो

आपसे मिलकर भी लब प्यासे रहे यूँ
कोई मयख़ाने में पानी पी रहा हो

ग़ज़ल

अब तुम्हारी याद में ऐसा हुआ है ...

4

अब तुम्हारी याद में ऐसा हुआ है
सामने एक अजनबी-सा रास्ता है

अपनी तस्वीरों में तू धुँधला गई है
तेरा चेह्‍रा इस क़दर मैंने छुआ है

है सफ़र जारी, सड़क है रेत की और
साथ में एक अजनबी-सा हमनवा है

क़ैद हूँ मैं ख़ूबसूरत वादियों में
सिर्फ़ तेरा ही तसव्वुर अब बचा है

तोड़ दूँ दम तेरे आँचल से लिपटकर
कारगर अपने लिए अब ये दुआ है

ग़ज़ल

मुझे इक बेखुदी का
5 जाम दे दो ...

मुझे इक बेख़ुदी का जाम दे दो
मेरे ख़्वाबों को कुछ इन'आम दे दो

नहीं मिलते हैं साथी रास्तों में
मुझी को रास्ते का नाम दे दो

पता है तुम नहीं आओगे फिर भी
तसल्ली के लिए पैग़ाम दे दो

तमन्ना है कि जी लूँ ज़िन्दगी को
मुझे फ़ुर्सत की कोई शाम दे दो

मैं तुमको याद करके हूँ परेशाँ
मुझे थोड़ा-सा अब आराम दे दो

ग़ज़ल

जो नदी थोड़ी रुकी थी
6 आज बहने दो ...

जो नदी थोड़ी रुकी थी आज बहने दो
बात बिगड़ी थी कभी जो आज बनने दो

बादलों की मेह्रबानी, ज़ुल्फ़ उड़ती है
लहलहाता प्यार है उसको उफ़नने दो

तुम पे सूरज भी फ़िदा है खुद भी जलता है
प्यार से अपने उसे तुम अब सँवरने दो

मैं तुम्हें अपना बना सकता नहीं शायद
दे दो अपने दर्द मुझको और सहने दो

ग़ज़ल

उजड़े हुए गुलशन में किसी भी फूल का खिलना मुश्किल है ...

7

उजड़े हुए गुलशन में किसी भी फूल का खिलना मुश्किल है
प्यार की दुश्मन दुनिया में तेरा-मेरा मिलना मुश्किल है

रफ़्तारी माहौल है सारे लोग हाँफते दौड़ रहे
पाँवों में बेड़ी लेकर तेरा-मेरा चलना मुश्किल है

किस जानिब क़ातिल आ जाए इसका कोई इल्म नहीं
तेरे हाथ को थाम के हमदम कहीं टहलना मुश्किल है

चारों ओर हरी वादी में ख़ून ही ख़ून के छींटे हैं
छेड़ो अब कुछ और ही बातें दिल का बहलना मुश्किल है

इस जंगल में फूल नहीं हैं, काँटे ही अब उगते हैं
चलो कहीं महबूब, यहाँ अब प्यार का पलना मुश्किल है

ग़ज़ल

8 कोई चिंगारी नहीं है दिल में जलने के लिए ...

कोई चिंगारी नहीं है दिल में जलने के लिए
याद की बंदिश नहीं है अब टहलने के लिए

तुम तो वैसे पास थे और पुरअसर मौसम भी था
थीं कई बातें ज़ुबाँ पर सिर्फ़ टलने के लिए

आज गर हम मिलते हैं तो बीती बातें याद कर
सोचते हैं क्या बचा दिल के मचलने के लिए

रात की तारीकियों में धूप क्यों मिलती भला
सूर्य तो उगता है, लेकिन शाम ढलने के लिए

फ़ासले क्यों बढ़ गये हैं राह क्यों होती जुदा
कोई कश्ती अब नहीं है साथ चलने के लिए

ग़ज़ल

सामने सबके न बोलेंगे हमारा क्या है ...

9

सामने सबके न बोलेंगे हमारा क्या है
छुपके तनहाई में रो लेंगे हमारा क्या है

ये सभी फूल तुम्हारे हैं तुम्हारे ही सही
हम तो काँटों पे भी सो लेंगे हमारा क्या है

तुम घटा बनके न बरसे तो कोई बात नहीं
दिल के दाग़ आँसू से धो लेंगे हमारा क्या है

तुम रहो महलों में हम रह लेंगे फुटपाथों पर
प्यार के सपने सँजो लेंगे हमारा क्या है

भीख पानी की न माँगेंगे किसी दरिया से
होंठ शबनम से भिगो लेंगे हमारा क्या है

ग़ज़ल

दर्द लौट आते हैं
10 फिर से तेरी आहट पर ...

दर्द लौट आते हैं फिर से तेरी आहट पर
होंठ थरथराते हैं फिर से तेरी आहट पर

आसमान हँसता है चाँद जगमगाता है
तारे झिलमिलाते हैं फिर से तेरी आहट पर

याद के झरोकों से ख़्वाब के दरीचों तक
हम दिये जलाते हैं फिर से तेरी आहट पर

चाहतों की छाओं में प्यार की फ़ज़ाओं में
रंग फैल जाते हैं फिर से तेरी आहट पर

अब भी तेरी आहट पर आस लौट आती है
फूल मुस्कराते हैं फिर से तेरी आहट पर

ग़ज़ल

वो मेरा आपसे

11 | जो प्यार हुआ ...

वो मेरा आपसे जो प्यार हुआ
ज़िन्दगी भर का इन्तज़ार हुआ

उसके सारे हसीन वादों पर
मेरा झूठा-सा ऐतबार हुआ

आपने इक हँसी बिखेरी तो
मेरा दिल एक से हज़ार हुआ

दिल में बेचैन-सा था इक तूफ़ाँ
आप आये तो कुछ क़रार हुआ

तेरी मासूमियत में कुछ तो है
खुश्क माहौल आबसार हुआ

ग़ज़ल

ग़म कुछ नहीं
12 कि ज़िन्दगी में कुछ नहीं किया ...

ग़म कुछ नहीं कि ज़िन्दगी में कुछ नहीं किया
लेकिन खुशी ये है कि मैं तेरे लिए जिया

अनजानी राहें और भी अनजान हो गयीं
ऐसे में कोई अपना मुझे छोड़ चल दिया

ये रात आज की न मिलेगी कभी हमें
इतना पिला कि बेखुदी जाए न साक़िया

इक अक्स की तरह दिखी और चल दी छोड़कर
बदले में प्यार के जो तेरा दर्द ही लिया

तुम ही को अपनी जान कहा जाने-मन कहा
तुम ही ने मेरी जान ली, ये तुमने क्या किया

ग़ज़ल

हो हमारे तुम सहारे,
13 फिर सहारा कौन हो ...

हो हमारे तुम सहारे, फिर सहारा कौन हो
जब हमारे हो तुम्हीं तो फिर हमारा कौन हो

ज़िन्दगी करने लगी है मेह्रबानी मुझपे अब
तुम हो साथी जब सफ़र के फिर किनारा कौन हो

देखने को बाग़ में तो गुल भी है, बुलबुल भी है
तुम नज़र में हो तो बोलो फिर नज़ारा कौन हो

दूर से आती सदाएँ मुझको बेमानी-सी हैं
मुस्कराती तुम खड़ीं तो फिर इशारा कौन हो

ग़ज़ल

14 यक़ीं है ये,
मेरा दावा नहीं है ...

यक़ीं है ये, मेरा दावा नहीं है
कि दुनिया में कोई तुम सा नहीं है

कोई इंसान भी ऐसा नहीं है
जो दिल की राह से गुज़रा नहीं है

मैं कोई शर्त क्यों तुम पर लगाऊँ
मोहब्बत है, कोई सौदा नहीं है

तुम्हें हक़ है बना दो या मिटा दो
मगर इतना सितम अच्छा नहीं है

तुम्हें चाहा है जितना जाने-जानाँ
किसी को इस क़दर चाहा नहीं है

धुएँ के साये में शोले भी होंगे
कोई गुल बेसबब खिलता नहीं है

समन्दर तो समन्दर ही रहेगा
ये सच तो आज तक बदला नहीं है

ग़ज़ल

ख़िज़ाँ भी लगती है
15 जिससे बहार का मौसम ...

ख़िज़ाँ भी लगती है जिससे बहार का मौसम
मेरे खुदा मुझे दे दे वो प्यार का मौसम

किसी जतन से भी दिल को सुकूँ नहीं मिलता
सता रहा है तेरे इन्तज़ार का मौसम

ये बेक़रार नज़र ढूँढती है वो दिलबर
जो अपने साये में लाये क़रार का मौसम

हवा के बदले हुए रुख़ से ऐसा लगता है
बहुत क़रीब है दीदारे-यार का मौसम

मैं होश वालों की संगत में क्यों रहूँ आख़िर
मुझे तो चाहिए हर पल खुमार का मौसम

ग़ज़ल

दिल मेरा तुम
16 मुस्करा कर ले गये ...

दिल मेरा तुम मुस्करा कर ले गये
धड़कनें मेरी चुराकर ले गये

ख़्वाब मेरे सो रहे थे चैन से
छ्म से तुम आये, जगाकर ले गये

सोऊँ कैसे अब कि मेरी नींद तुम
अपनी आँखों में बसा कर ले गये

तुमने सीखा है कहाँ से ये हुनर
मुझको मुझ से ही छुपाकर ले गये

क्या बताऊँ मेरे अरमाँ किस तरह
मेरी नजरों से बचा कर ले गये

दिल परिन्दे की तरह नादान था
जाल जुल्फ़ों का बिछा 'कर ले गये

दिल पे मेरा अब नहीं है अख़्तियार
वो उसे अपना बनाकर ले गये

गज़ल

17 पत्थर से ये सर टकरा बैठे ...

पत्थर से ये सर टकरा बैठे
हम प्यार का रोग लगा बैठे

नफ़रत है मोहब्बत से जिनको
हम दिल में उन्हीं को बसा बैठे

हम जिनके लिए तूफ़ाँ से लड़े
वो दूर किनारे जा बैठे

पछताने से अब क्या होगा
खाना था जो धोखा खा बैठे

अब कोई कहे कुछ भी हमको
हम प्यार की धूनी रमा बैठे

ग़ज़ल

नफ़रतें छोड़ो,
18 हँसो और हँसाओ यारो ...

नफ़रतें छोड़ो, हँसो और हँसाओ यारो
अपने दुश्मन को भी सीने से लगाओ यारो

सारी दुनिया को बनाना है जो जन्नत तो फिर
प्यार के फूल हर इक दिल में खिलाओ यारो

ज़िन्दगी जंग नहीं, प्यार का मयख़ाना है
आओ चाहत से भरे जाम उठाओ यारो

अपने आँगन में जलाए हैं दिवाली के दीए
घर में हमसाये के भी शम्अ जलाओ यारो

एक पल ठहरो, ज़रा इल्तिजा मेरी भी सुनो
ख़्वाब आँखों में मोहब्बत के सजाओ यारो

कुछ,

कवि के बारे में

जन्म तिथि : 03 अप्रैल, 1957

जन्म स्थान : काठमांडू, नेपाल

प्रकाशित कृतियाँ : **पुस्तकें**

- मेरा कविताहरु (नेपाली कविता संग्रह) - 2014
- मेघा (नेपाली-हिन्दी कविता संग्रह) - 2012
- संवाद (नेपाली प्रबन्ध-संग्रह) - 2008
- राष्ट्रीयता नदुखोस (नेपाली प्रबन्ध-संग्रह) - 2006

गीत एल्बम

- मोमेंट्स ऑफ लव (हिन्दी गीत एल्बम) - 2014
- लव फॉरएवर (नेपाली आधुनिक गीत एल्बम) - 2013
- ओन्ली लव (नेपाली आधुनिक गीत एल्बम) - 2011
- रिफ्लेक्सन ऑफ लव (नेपाली आधुनिक गीत एल्बम) - 2009
- तिम्रो नाममा (नेपाली आध्यात्मिक गीत एल्बम) - 2007
- माया बल्झेछ (नेपाली आधुनिक गीत एल्बम) - 2000

कवि

बसन्त चौधरी

प्रेम, सौन्दर्य, स्नेह, विरह, हर भाव में पवित्रता का विश्वास और हर रिश्ते में सच्चाई की परख चाहने वालों में से हैं कवि बसन्त चौधरी।

आपका जन्म नेपाल में हुआ लेकिन रिश्तों की कुछ जूनी जड़ें अभी भी हिन्दुस्तान में ज़िन्दा हैं। आप ना सिर्फ़ नेपाली में बल्कि हिन्दी में भी बखूबी लिखने की कमान अपनी कलम में साधे रखते हैं।

नेपाल के ख्याति-प्राप्त व्यवसाईयों में से एक, श्री बसंत चौधरी अपनी सामाजिक गतिविधियों के लिए भी खूब जाने जाते हैं।

सभी से प्रेम, कुदरत से वास्ता, और खुद के लिए जीने की तमन्ना, यही बस थोड़ा-सा है इस संग्रह की प्रस्तुति में। जानते हैं, कि मानने लगेंगे आप भी, कवि की जी हुई कुछ इन्हीं तरह की अनुभूतियों को।

poet@**basant**chaudhary.com
www.**basant**chaudhary.com

follow the POET @
https://www.facebook.com/basantchaudhary1957?fref=ts&ref=br_tf

मेघा
बसन्त चौधरी

मेरा कविताहरू
बसन्त चौधरी
e पुस्तक

प्रकाशित **कृतियाँ**

पुस्तक - **मेघा**

बसन्त चौधरी द्वारा नेपाली एवं हिन्दी भाषा में रचित कविताओं का पहला समवेत कविता-संग्रह 'मेघा' सन् २०१२ में अपनी प्रिय बेटी के नाम पर प्रकाशित हुआ। इन कविताओं में मानवीय संवेदनाओं - प्रेम, मिलन, विछोह, करुणा, त्याग और समर्पण जैसी अनुभूतियों की गहनतम और प्रभावशाली प्रस्तुति है, जिसके कारण पाठक स्वयं को इन कविताओं से जोड़ लेता है।

नेपाल के वरिष्ठ और प्रबुद्ध साहित्यकार डॉ. राजेन्द्र विमल ने इन कविताओं के विषय में कहा है - "कविताओं के बिम्ब और प्रतीक अनूठे और अछूते हैं, जो कविताओं को अलग पहचान और निजात्मकता देते हैं। हर शब्द उनकी साँस की तरह पाठकों के हृदय को छू जाते हैं।"

बसन्त चौधरी का यह कविता-संग्रह साहित्य के क्षेत्र में बहुत चर्चित रहा है।

पुस्तक - **मेरा कविताहरु**

नेपाल के कवि बसन्त चौधरी द्वारा नेपाली भाषा में रची हुई कविताओं का संग्रह 'मेरा कविताहरु' सन् २०१४ में प्रकाशित हुआ और पाठकों द्वारा खूब सराहा गयाँ

दरअसल बसन्त चौधरी में मूल से प्रेम, करुणा और सौन्दर्य-बोध भी अपनी पूरी गरिमा के साथ विद्यमान रहता है। और... जहाँ प्रेम है, वहाँ त्याग और समर्पण की भावना तो स्वाभाविक ही है। ग्राम्य-जीवन, प्राकृतिक सौन्दर्य और मानवीय मन की ऊहापोह और द्वन्द्वों से गुजरती इनकी कविताएँ पाठक को अनेक रसों का रसास्वादन कराती हैं।

poet@basantchaudhary.com
www.**basant**chaudhary.com

follow the POET @
https://www.facebook.com/basantchaudhary1957?fref=ts&ref=br_tf

MOMENTS OF
LOVE
THE ULTIMATE LOVE SONGS ALBUM
LYRICS: BASANT CHAUDHARY
SINGERS: SHREYA GHOSHAL, MOHIT CHAUHAN,
NEETI MOHAN, SHAAN, ROOP KUMAR RATHOD,
JAVED ALI & PALAK MUCHHAL

प्रकाशित कृतियाँ

गीत एल्बम - **मोमेंट्स ऑफ लव**

कवि बसन्त चौधरी की रचनाओं की म्यूज़िक एल्बम को 'टाइम्स म्यूज़िक' ने प्रसारित किया है।

बसन्त चौधरी द्वारा प्रेम, विरह, मिलन जैसे उदात्त मनोभावों पर लिखे हुए शानदार भिन्न-भिन्न 10 गानों/ग़ज़लों/गीतों को अपनी सुमधुर आवाज़ से सजाया है देश के नामचीन पार्श्व गायकों श्रेया गोशाल, शान, जावेद अली, रूप कुमार राठौड़, मोहित चौहान, नीति मोहन, और पलक मुच्छल ने।

poet@**basant**chaudhary.com
www.**basant**chaudhary.com

follow the POET @
https://www.facebook.com/basantchaudhary1957?fref=ts&ref=br_tf

आँसुओं की सियाही से

कविता-संग्रह

आपको अच्छी लगी?

अपने प्रश्न व जिज्ञासा
कवि बसन्त चौधरी
को ई-मेल करें ।

ई-मेल: **poet@basant**chaudhary.com

अनुभूतियाँ

कभी आँसुओं की सियाही से लिखी,

मेरी ग़ज़ल गुनगुनायेगी

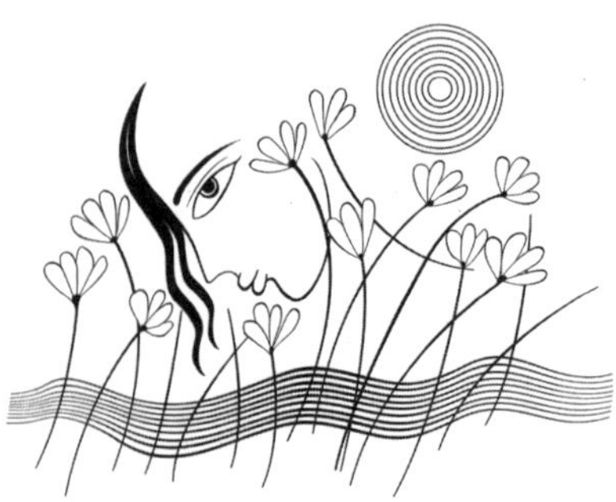